Les inoubliables

DU MÊME AUTEUR

Romans

La Mélancolie des fast-foods, Grasset, 1987 ; J'ai lu, 2010.
Le Lycée des artistes, Grasset, 1992 (prix de la Vocation).
Depuis toute la vie, Grasset, 2000.
Physique, Stock, 2005.
Avant, pendant, après, Stock, 2007 (prix Roger-Nimier) ;
  J'ai lu, 2014.
Les Aimants, Stock, 2009 ; J'ai lu, 2012.
La Recherche de la couleur, Stock, 2012.

Récits

Mariage à la parisienne, National Geographic, 2002.
Renvoi d'ascenseur, La Table Ronde, 2003.
La Mort de Jean-Marc Roberts, La Table Ronde, 2013.

Biographie

Reiser, Grasset, 1995, nouvelle édition en 2003.

Anthologies

Au marbre, de Guy Dupré, Françoise Sagan et François
  Nourissier, Quai Voltaire/La Désinvolture, 1988.

Jean-Marc Parisis

Les inoubliables

récit

Flammarion

© Flammarion, 2014.
ISBN : 978-2-0812-7407-5

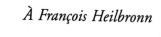

À François Heilbronn

I

Cherche, m'avait dit un ami un soir d'automne, tu verras, ou plutôt tu ne verras pas, on ne connaît aucune photo prise dans l'enceinte du Vél' d'Hiv' lors de la rafle de juillet 1942, un jour peut-être, elles sortiront d'une cave ou d'un grenier de France, d'Allemagne ou d'ailleurs. J'avais cherché sur Internet, sans rien trouver en effet, mais au fil de mes *visites* des sites consacrés aux déportés, dans le défilement sans fin des photos de disparus, l'une d'entre elles m'avait sauté aux yeux. Cinq enfants, quatre frères, une sœur. Cinq visages, cinq regards.

Ils sont assis sur quelque chose qu'on ne voit pas, un banc, une estrade. Le fond est neutre et gris, un mur ou un pan de toile ou de papier déroulé, probablement dans le studio d'un photographe. Les trois plus jeunes semblent surélevés, haussés au niveau des deux autres, peut-être au moyen d'un coussin. Leur mise est modeste. Conventionnelle si l'on s'en tient au gilet et à la robe, elle vire à l'étrange pour les trois autres gamins, affublés d'habits bizarrement coupés,

entre le paletot, le tablier et la marinière. Des vêtements qui ont dû leur servir à tour de rôle à mesure
qu'ils grandissaient. Motifs à carreaux, cols Claudine
ou boutonnés affichent ostensiblement l'emblème de
la fratrie. Ce souci d'égalité à l'intérieur du cadre et
d'harmonie dans le choix des vêtements est battu en
brèche par l'expression singulière, irréductible, de
chacun des visages. Le dénominateur commun mor-
phologique se limite aux oreilles décollées. Pour le
reste, ces frères et sœur ne se ressemblent pas. Leurs
traits sont aussi des traits de caractère. Le garçon au
gilet jubile ; la fille exhale douceur et générosité ; son
voisin a l'air mutin et têtu ; le quatrième se tient sur
la réserve, fixe le sorcier qui a le pouvoir de le dédou-
bler ; le petit laisse dépasser un filet de langue
échappé d'un sourire pour apprivoiser le petit oiseau
qui va sortir. Distincts, mais rassemblés dans le mouvement. Lévitation souriante du premier, légère incli-
naison en avant des quatre autres, ponctuée par des
regards appuyés, intenses. C'est moins une pose
qu'un élan. Et cet élan ne ment pas, ces enfants se

donnent comme ils sont et se prêtent sérieusement au jeu du théâtre photographique. Façon de remercier de l'attention et de la place qu'on leur accorde en un temps où la photo ne vampirise pas le quotidien, où le portrait de famille a des allures de petit événement, de cérémonie. Pour l'occasion, on soigne sa mise, son apparence. La séance, les tirages sont payants, chers pour certains. On les enverra aux grands-parents, aux tantes et cousins, on peut même les tirer sous forme de cartes postales. Qui donneront des nouvelles d'un ordre familial affectueux, idéal. Un ordre ici autant souligné que dérangé par cet élan confiant, cette présence débordante qui m'avaient sauté aux yeux.

Un saut dans le temps, puisque ces cinq enfants étaient morts, assassinés, dix-huit ans avant ma naissance. Le temps sépare moins que la vie. Je les regarde, mais ils me regardent aussi. Ce champ-contrechamp abolit le cadre de la photo, la déglace, la transmute en souvenir. Ce soir d'automne, ces visages me renvoient en enfance, ce vieux pays dont on ne peut dessiner les frontières qu'après l'avoir quitté. Pas l'enfance sucrée des adultes qui n'ont jamais grandi. L'enfance capitale, en ce qu'elle a de démuni, de généreux, de désarmé, de triomphant. Mes yeux glissent sur la légende que j'avais à peine survolée. « Esther Schenkel a été arrêtée à La Bachellerie en Dordogne avec ses cinq enfants et a été déportée avec eux le 13 avril 1944 par le convoi n° 71 après l'exécution du père, Nathan (...). De gauche à droite : Isaac, 12 ans, Cécile, 13 ans, Jacques, 10 ans, Maurice, 8 ans, et Alfred, 6 ans. Tous les enfants étaient nés à Strasbourg. »

La Bachellerie en Dordogne. J'étais doublement saisi. Mes grands-parents paternels possédaient une maison dans ce village accroché à un coteau, à l'est du département, non loin des frontières avec la Corrèze. Un village archétypal de cette *Douce France* chantée par Charles Trenet, avec son clocher, sa grand-route et sa rivière. J'y avais moi aussi ma prairie et ma maison, et « plus de joie que de douleur ». Enfant, adolescent, j'y passais une bonne partie de mes vacances, un grand mois d'été, des semaines à Pâques et à la Toussaint. On prenait le train à la gare de Paris-Austerlitz, le Capitole ou un Corail, sur la ligne de Toulouse. Les compartiments sentaient l'œuf dur, le sirop de menthe, le tabac. En s'asseyant près de la fenêtre, on était tout de suite averti : « È pericoloso sporgersi. » Avant le premier arrêt à Orléans-Les Aubrais, un viaduc en béton planté au milieu des champs tronçonnait la Beauce sur une vingtaine de kilomètres, la voie d'essai de l'aérotrain 180, rêve technologique mort-né. Entre Orléans et Limoges, beaucoup d'eaux, argentées, verdâtres ou terreuses selon les saisons. Le train passait sur la Loire et ses quatre doigts, le Cher, l'Indre, la Creuse, la Vienne, sans compter le greffon tortillé de la Gartempe. Après Limoges, les manoirs jouaient à saute-mouton sur les collines limousines. À Brive, on attendait une demi-heure le départ de la micheline crème et rouge. Enfin, la motrice vrombissait, le Diesel montait en puissance, le convoi s'ébranlait poussivement sous les arches métalliques de la gare. Par endroits, la ligne de Périgueux longeait la nationale 89, les voitures filaient entre les prés, nous dépassaient toutes. Le voyage jusqu'au village imposait sa lenteur, sa répétition. Après Saint-Pantaléon-de-Larche, Larche, après Larche, on quittait la Corrèze. À Terrasson-Lavilledieu, on était en Dordogne. La gare de Condat-Le-Lardin s'annonçait par une odeur de chou bouilli, les effluves rejetés par « l'usine », la grosse papeterie, à cheval sur les deux communes, l'un des atouts économiques de la région avec les fraises et le foie gras. On y arrivait, on y arrivait doucement à La Bachellerie. Après le Pont-Biais qui chevauchait la nationale, le clocher du village s'épinglait au manteau d'Arlequin des bois et des champs. L'été illuminait un paysage que l'automne ou le printemps rendait plus piquant, plus vaporeux. La micheline hurlait avant de stopper devant le bâtiment de la gare, parallélépipède blanchâtre, le plus souvent désert.

Je sautais avec ma valise ou mon sac sur le quai. Après le chou de Condat, d'autres arômes montaient à la tête du jeune vacancier. Bouquet de foin, de purin, de luzerne coupée, mêlé aux vapeurs d'essence crachées par la micheline qui repartait en mugissant. À gauche, en sortant de la gare, un château d'eau désaffecté, en forme de silo, coiffé d'un réservoir rouillé dont la partie supérieure semblait décapitée. Puis les premières têtes de paysans, cuites au soleil, l'allumette entre les dents, les premières mesures de patois, les premières robes de vaches. Cette campagne me déroutait par son archaïsme, son évidence, son courage aussi d'être si loin de tout, si perdue. Je m'engageais dans la pente jusqu'au carrefour de La Mule-Blanche sur la 89. Cette nationale qui déroulait son ruban gris dans la vallée entre rivière et voie ferrée méritait à peine son appellation. Une route placide, aux longues lignes droites amicales, bordée de pissenlits et de fleurs sauvages, une voie franche où les « chiottes », comme disait mon grand-père, se voyaient de loin, miniaturisées par la perspective. On la traversait au niveau du petit hôtel de La Mule-Blanche pour se replacer dans l'axe de la départementale qui descendait de Limoges, coupait la voie ferrée puis remontait vers le village dont elle constituait la rue principale. On y voyait encore moins de chiottes que sur la nationale. Raison de plus pour faire attention d'après le Pépé, ils se croient seuls, ces cons-là, ils roulent comme des cinglés. On se rangeait à gauche de la route, plate à cet endroit et coquettement bâtie. Pavillons de charme en meulière, jardins et vergers imbibés par le Cern, qui mouillait la vallée et se jetait dans la Vézère. Après le petit pont, on avait le choix. Gravir la route de plus en plus pentue puis tourner à droite dans le chemin de La Lande ou couper à travers les prés, enjamber les fils des clôtures, se faufiler dessous s'ils étaient électrifiés. Dans le premier cas, on poussait la grille du portail hérissée de barreaux en forme de flèche et le grelot tintait. Dans le second, après la traversée du pré derrière la bâtisse, on longeait les étables des brebis, débouchait dans la cour avec son tilleul suintant de résine. Quel que soit le trajet, on arrivait toujours à « la maison de La Bachellerie », comme nous l'appelions, mon frère, ma sœur et moi. Peut-être centenaire, ladite maison n'avait plus rien de typique dans les années soixante. Un crépi gris l'avait reléguée au rang esthétique d'une banale résidence secondaire. Seuls un appentis à la charpente vermoulue et les étables à brebis témoignaient d'un passé plus conforme à la rusticité périgourdine. Son charme équivoque, sa singulière bâtardise résidaient dans un agencement biscornu, quasi dément. Au premier étage, accessible par un escalier extérieur, on trouvait la cuisine, la salle à manger, les chambres, des pièces sans attrait, dépareillées, linoléum et plancher de bois, papiers peints jaunis, cloqués. Une cave colonisait le rez-de-chaussée. Un antre au sol terreux, humide, fermé d'une porte en bois vert pomme, écaillé, où mon grand-père remisait vélos et mobylette en état de marche ou déglingués, chambres à air, pelles, faux, râteaux, assortiments de vis et d'écrous, ficelles et semences variées, tout un bric-à-brac métallifère oxydant dans la pénombre. Pas d'adduction d'eau potable chez mes grands-parents, du moins jusqu'au début des années soixante-dix. Un village à la Trenet, une maison à la Nino Ferrer, une *maison près de la fontaine*, fontaine nichée dans un poste de pierre au vantail cadenassé, au bord d'un chemin qui s'épinglait à celui de La Lande et remontait vers le bourg. Creusé par des siècles de charrettes, raviné par les énormes pneus des tracteurs Massey Ferguson, les Rolls agricoles des Trente Glorieuses, festonné d'arbustes à fruits noirs dont je raffolais, « le chemin aux mûres ».

Comme Alfred, Maurice, Jacques, Isaac et Cécile Schenkel, j'avais eu six, huit, dix, douze et treize ans, à La Bachellerie. Je les regarde mais ils me regardent aussi. Ce qu'ils ont vu, je l'ai vu, vingt-cinq ou trente ans plus tard. La même place, la même boulangerie, les mêmes venelles, la même église, les mêmes collines. Ils se glissent hors du cadre. Ils s'égaient dans des rues que je sillonnais à vélo, courent à la fontaine où j'ai bu, cueillent les mûres au bord du chemin, passent devant la maison qui deviendrait celle de mes grands-parents à la fin des années cinquante, avant que je vienne au monde et que j'y sois heureux. Leurs sourires, leurs mines, leurs candeurs réverbèrent une certaine douceur de vivre enfantine propre à La Bachellerie. Les bois, les prés, les causses, la rivière, le plan très incliné et les recoins du village offraient des gisements de jeux inépuisables. On vivait dehors, dans les bras de la nature, sous un ciel dilaté.

Pour moi, vers l'âge de dix ans, l'horizon est descendu sur les pages. J'ai beaucoup lu là-bas. *Le Journal de Mickey*, la série des *Six Compagnons* de

P.-J. Bonzon, les mousquetaires de Dumas, plus tard le géant Balzac et le vicieux Lautréamont sur les marches de l'escalier à l'ombre du grand tilleul. Sans compter les deux dictionnaires Robert de mon grand-père qui m'assistaient dans la confection de grilles de mots croisés qui m'absorbait des après-midi entiers. Je passe sur les multiples projets romanesques débutés frénétiquement sur la toile cirée de la cuisine avant de finir au feu de fumier sous les noyers du pré. Apprenti en analogies, je bricolais des images sans toujours les noter, tel ce vers tombé du ciel un soir que je mélancolisais devant les étables aux brebis : « Le vent, la nuit, c'est l'haleine des étoiles. » Quarante ans après, c'est la première fois que je l'écris noir sur blanc. Les premières phrases, comme le premier amour, on s'en souvient toujours. Mon premier amour, je lui ai écrit de La Bachellerie, des cartes postales rédigées dans un anglais aussi sincère qu'approximatif, décorées de timbres philatéliques mouillés comme des baisers. Jusqu'à dix-sept ans, pas d'aventures au village, pas de flirts avec les gamines sauvages et bronzées du bourg. L'érotique était purement géographique. Pendant mes promenades avec mon grand-père sur ces collines au sud du village qu'on appelait « les puys », mes yeux draguaient l'infini comme la précision. Je repérais un arbre, une ferme ou une route, isolés dans une combe ou sur un coteau, au loin, le plus loin possible. Je les fixais, les ciblais longuement ; le réglage du zoom mental pouvait prendre un quart d'heure. Dans la course séparant mon regard de ces points désirés se déployait un arc de lumière d'où partait la flèche de la poésie. Flèche qui veut aller y voir de plus près pour en avoir le cœur net. Ce village qui m'éveilla à la poésie, à un soupçon d'éternité, fut pour ceux qui sourient sur la photo la dernière station avant l'enfer. Ils n'étaient pas les seuls.

D'autres photos relatives à La Bachellerie dans l'édition 2001 du *Mémorial des enfants juifs déportés de France* de Serge Klarsfeld. Page 1039, Paul Schupack, Liliane Gerst. Page 446, un tableautin peint d'après une photo représente Élisabeth Apelgot, arrêtée à treize ans avec sa mère, Hinda, et sa sœur aînée, Sonia, toutes trois déportées par le convoi 71 du 13 avril 1944. Page 802, Colette et Rosette Krieger, deux sœurs natives de Colmar, déportées à cinq et neuf ans, par le même convoi.

Que s'était-il passé ? Pourquoi tant de Juifs de l'est de la France s'étaient-ils retrouvés à La Bachellerie

Liliane Gerst   *Rosette et Colette Krieger*

pendant la guerre ? Au moment de l'invasion de la
Pologne par l'Allemagne le 1er septembre 1939,
l'état-major français avait ordonné l'évacuation des
villes situées entre le Rhin et la ligne Maginot. En
quelques semaines, cinq cent mille « repliés »
d'Alsace-Lorraine (Bas-Rhin, Haut-Rhin et Moselle)
allaient déferler sur l'Indre, la Haute-Vienne et la
Dordogne. En Dordogne, on avait vu arriver quatre-
vingt mille habitants de Strasbourg et de ses environs. Voilà comment les Schenkel, les Schupack, les
Krieger, les Gerst, les Apelgot et les autres s'étaient
retrouvés à La Bachellerie au début de la guerre.
Après l'armistice de juin 1940, beaucoup d'Alsaciens
avaient pu rentrer dans leur région annexée, sauf les
Juifs dont les Allemands ne voulaient pas. Et d'autres
Juifs étaient encore arrivés en Dordogne de Paris, de
l'Est ou du Nord, dans les valises de la Débâcle ou
la peur des rafles de 1942 en zone occupée. Près de
deux cent cinquante avaient été « ramassés » dans le
département dès l'été 1942. Fin mars 1944, une division allemande commandée par le général Brehmer
était descendue de Paris pour vider les nombreuses
poches de maquis dans la région. La division
Brehmer traquerait aussi et surtout les Juifs réfugiés
dans le département.

Le 30 mars, trois à quatre cents soldats s'étaient
jetés sur La Bachellerie. On avait fusillé dix hommes
dans le haut du bourg, à La Genèbre, quatre Bacheliers accusés d'être liés au maquis, et six Juifs, dont
deux frères d'une quinzaine d'années. Le même jour,

une vingtaine de femmes et d'enfants juifs résidant au village étaient internés à Périgueux. D'autres femmes et enfants seraient capturés le lendemain. Tous seraient déportés, la plupart assassinés à Auschwitz, deux semaines plus tard. Le 30 mars 1944, à La Bachellerie, des éléments de la Brehmer avaient aussi pillé puis incendié le château de Rastignac, où un galeriste juif réfugié de Paris avait caché, avec la complicité des propriétaires, trente-trois toiles de maîtres. De vieilles histoires que ma famille périgourdine enracinée depuis des siècles aux environs de La Bachellerie ne m'avait pas racontées.

Dans ma jeunesse et plus tard, je ne me souviens pas avoir entendu les miens évoquer le cas des populations évacuées d'Alsace en Dordogne, pas plus que la geste du maquis ou les horreurs de la division Brehmer. Leur chronique des années noires tenait en deux mots massifs, abstraits : « la guerre » et « les Allemands ». La guerre, elle avait duré cinq ans dans le département, ils en avaient souffert, mais moins que d'autres, à les entendre ; ils se débrouillaient, on mangeait à sa faim à la campagne. Les Allemands, ils les avaient peu vus, finalement, une ou deux fois dans la cour de la ferme de mon oncle, ou croisés sur les routes du côté de Thenon. *La guerre* et *les Allemands* bordaient un silence que je n'interrogeais pas.

Mon grand-père, fait prisonnier en 1940 et détenu cinq ans en Autriche, n'avait rien vécu de cette histoire, mais on la lui avait sûrement racontée, au moins dans les grandes lignes, à son retour de stalag. La Brehmer avait aussi martyrisé Azerat, son village natal, tout proche de La Bachellerie. Il devait en savoir un peu ou beaucoup, assez en tout cas pour y repenser, se l'imaginer, parfois à voix haute. Comme en cette fin de journée d'été des années soixante-dix, je devais avoir dix ou douze ans, où nous musardions ensemble sur la route communale reliant le village au domaine de Rastignac. Ce jour-là, mon grand-père avait brièvement prononcé quelques mots à propos « de résistants et de Juifs fusillés par les Allemands dans le haut du village ». Je les avais entendus, surpris. Ils ne m'étaient pas destinés. Pépé se tenait de l'autre côté de la route, face au fossé. Une frange de cheveux blancs dépassait de sa casquette et tombait sur sa nuque couleur de brique. Je m'étais rapproché dans son dos. Avais-je perçu une fêlure dans sa voix éraillée et puissante ou le fait était-il assez extraordinaire pour éveiller l'attention d'un garçonnet très détaché des combats terrestres ? Toujours est-il que je lui avais demandé où cette fusillade s'était produite. Il avait déroulé son bras en pointant le bec de sa pipe vers la côte de Madeleine. Là-haut, du côté de chez M. Meekel, à La Genèbre, il y a une stèle… C'était quand, Pépé ? Pendant la guerre, mon petit… Le rappel de cette guerre qu'il n'avait pas faite semblait lui couper la chique. La pipe était revenue se serrer entre ses dents. Il fallait se dépêcher, on dînait toujours à sept heures, pour voir *Des chiffres et des lettres* à la télé. Sortis de nulle part, un après-midi d'été, sur une petite route à l'écart du bourg, ces mots de « résistants et de Juifs fusillés dans le haut du village » m'avaient *marqué*. Infiltrant ma mémoire, formant une stase trouble, dormante, que la photo des Schenkel avait agitée, réveillée, quarante ans plus tard.

Construit au début du XIXe siècle aux limites de La Bachellerie et d'Azerat, en retrait de la grand-route reliant Bordeaux à Lyon, le château de Rastignac faisait dans mon enfance la fierté des gens du coin qui prétendaient qu'il avait servi de modèle à la Maison-Blanche américaine. Ressemblance troublante mais réversible. L'architecte de Pierre Chapt de Rastignac avait peut-être plagié les plans de Washington. À propos de ce château inhabité, mes grands-parents et les villageois s'accordaient cependant sur deux points, toujours allusifs et disjoints. « Les Allemands l'ont brûlé pendant la guerre. Il appartient à des Anglais. »

« Les Allemands », c'était la division Brehmer, jamais nommée ; ignorance, oubli ou volonté de ne plus en parler. Pour les mêmes raisons, on ne précisait pas que la rafle et les exécutions au village s'étaient déroulées le même jour que l'incendie du château, le 30 mars 1944. Quant à l'appellation d'« Anglais », elle recouvrait un personnage que bien peu auraient pu identifier, ainsi qu'une généralisation abusive. En 1918, Ghislaine Lauwick, la fille de la châtelaine de Rastignac, avait épousé un sujet britannique, Harold Fairweather, officier des lanciers du

Rastignac il y a trente ou quarante ans

Bengale, dans l'armée des Indes. Dans l'imaginaire bachelier, cette alliance avait anglicisé le nom de la grande famille Lauwick, en fait originaire des Flandres. Philippe Lauwick, le père de Ghislaine, était capitaine de vaisseau. Sa femme, que l'on prénommait Marie au château, lui avait donné deux garçons, Jacques et Hervé, plus tard très introduits dans les cercles artistiques et mondains de la capitale. Jacques serait journaliste, à *Vogue*, avais-je lu. Lié à Tristan Bernard et Sacha Guitry, versé dans l'humour spirituel et faiseur de bons mots, Hervé avait publié quantité de livres des années vingt aux années soixante-dix. À Paris, entre les deux guerres, les fils Lauwick fréquentaient le gratin. À la Bachellerie, on croisait leur mère à la messe où elle se rendait en calèche.

Ce château de Rastignac avait connu des visiteurs prestigieux et des fêtes éclatantes. Cléo de Mérode, la célèbre danseuse, le modèle de Nadar, venait s'y reposer. La première icône moderne en villégiature à La Bachellerie, c'était à ne pas y croire, et pourtant c'était vrai. Les domestiques du château en avaient sûrement de belles à raconter au village. Les soirées, les toilettes élégantes, la gentillesse de la châtelaine qui parlait cinq langues, les tapis partout, l'enfilade de chambres avec cabinets de toilette au premier. Comment les gens du coin réagissaient-ils au récit des très riches heures de Rastignac ? Pour les paysans des années trente, Cléo de Mérode, c'était du chinois, comme les Lauwick, des Anglais. Quarante ans plus tard, au temps de mes étés bacheliers, les faits et les rôles étaient gravés dans la pierre blanche. Le château appartenait à des « Anglais ». Les Allemands l'avaient brûlé pendant la guerre. Pas un mot sur les toiles signées Manet, Renoir, Van Gogh et consorts disparues dans le saccage.

Classé aux Monuments historiques après la guerre, restauré en façade dans les années cinquante, Rastignac n'était jamais redevenu habitable. Mme Lauwick avait vécu dans l'une de ses dépendances jusqu'à sa mort, à cent quatre ans, en 1971. À l'époque, j'étais trop jeune pour m'aventurer dans sa propriété. Mais j'aurais pu y croiser son fils Jacques, deux ou trois ans plus tard. Il nous a peut-être engueulés, moi et d'autres mômes du village, pour rôder dans les parages et nous glisser dans le château. Situé à sept cents mètres à l'ouest du bourg, relié à lui par une petite route serpentine, on y accédait par une longue allée latérale, caillouteuse et ravinée, assombrie par la voûte des bois. Le chemin finissait en épingle à cheveux et remontait vers l'arrière du château. Avec ses fenêtres crevées et ses portes dégondées, on y entrait comme dans un moulin. Salles démeublées, jonchées de gravats, mégots, conserves, vieux papiers. Dalles noircies par des foyers de barbecue ou des résidus de pétards à mèches. Murs décatis, veinulés de fissures et d'infiltrations pluviales. Un vide sonore, humide et mortuaire. Plus rien ne subsistait du passé inouï, insoupçonnable, de cette délicate enclave logée dans l'âpre campagne périgourdine. La façade aux colonnades surplombait les restes d'un parc livré aux fleurs sauvages, aux ronces, aux orties. Toute une végétation affolée, urticante, enivrée par les eaux étroites du Cern qui coulaient plus bas. Le coin bruissait d'insectes et d'oiseaux turbulents qui dérangeaient les branches. Vieilles pierres, bories, ruines de moulins ou de calvaires. Royaume des vipères, invisibles, au contraire d'épaisses couleuvres tubulaires qui faisaient frémir les ajoncs et nous avec.

Enfant, j'ignorais que je jouais sur les lieux d'un drame et dans les traces du feu. J'en savais trop peu pour imaginer quoi que ce soit. Mais plus tard, à l'adolescence, circulant dans un plus vaste rayon à vélo ou à mobylette, je développai d'étranges pratiques d'évitement, de sourdes hantises. Pour me rendre à la ferme de mon grand-oncle à Auriac-du-Périgord, je devais traverser le hameau de La Genèbre à l'une des sorties du village, juste avant la côte de Madeleine. La route passait en contrebas du pré où s'érigeait la stèle si brièvement signalée par mon grand-père des années plus tôt. Je n'avais qu'à lever la tête pour apercevoir le monument. Or je baissais les yeux, fixais la route, le nez dans le guidon, troublé par la stature spectrale de cet obélisque de béton poussé en lisière d'un bosquet.

En me rendant au Lardin par la nationale pour acheter *L'Équipe* ou bousculer le flipper au « café du feu rouge », j'éprouvais une étrange sensation à mi-chemin, aux abords d'un lieu-dit nommé Estieux. J'effectuais ce trajet quotidiennement mais le phéno-mène me saisissait toujours. Soudain la route s'assombrissait, s'opacifiait, prise en tenailles dans un tunnel de frondaisons. Sur une centaine de mètres, un pan de nuit grise et humide s'abattait sur la 89, la température chutait, il faisait presque froid. Sur la droite, une bicoque grisâtre grimaçait comme si elle venait de chuter dans le fossé. Sinistre masure, à faire croire aux fantômes. Là encore, je détournais les yeux, poussais sur les pédales ou relançais les gaz pour échapper au sinistre microclimat d'Estieux.

Quinze mois avant de tomber sur la photo des enfants Schenkel, j'étais revenu à La Bachellerie pour la première fois depuis dix ans. Ces paysages, ces couleurs, me manquaient. Le jaune des champs, le vert des bois, le gris de la roche. Très jeune, j'y avais accroché des rêves, des ambitions, mes propres lois. Revenir là-bas, c'était retrouver une certaine hauteur de vues, une motricité de sensations, de plus en plus menacées dans le bourbier parisien. J'avais connu les derniers paysans, les derniers simples, ceux qui s'offusquaient qu'on ne fasse pas « collation » avec eux quand ils sortaient le pot de rillons du placard et décrochaient le jambon du plafond. « Mange, tu ne sais pas qui te mangera. » Je les avais vus vivre, survivre, avant de s'éteindre en silence. Ils avaient forgé mon caractère, m'habillant d'indifférence ou de mépris pour tout ce qui n'était pas né de la main de l'homme, de son courage, de son espoir. À leur insu, ceux qui se méfiaient des livres ou ne trouvaient pas une minute pour les ouvrir avaient aiguillé la vocation de mon métier manuel, répétitif, climatique et solitaire, écrire. Certains les ouvraient, les livres, les couvraient même d'une pellicule de plastique. Mon grand-père appréciait les « porte-mines », les stylos, il taillait ses crayons jusqu'à la gomme. Il économisait les feuilles de papier blanc ; noircies d'un côté, on pouvait écrire au dos.

Il y avait donc le souvenir surprenant, térébrant, de ceux que j'appelais « les miens » dans mes mauvais rêves. *C'étaient les miens, c'étaient les miens…* Grands-parents, grands-oncles et grand-tantes, morts vieux ou de maladie. Et bien sûr j'étais curieux de revoir « la maison de La Bachellerie » vendue depuis des années. J'avais repris le train à Austerlitz, revu le rail de béton de l'aérotrain, le cours argenté de la Gartempe, la collection de manoirs limousins, sans émotion particulière.

À Brive, plus de micheline crème et rouge, ni d'arrêt à La Bachellerie dans la journée. J'étais monté dans l'un de ces TER bleutés qui ressemblent à de gros jouets et descendu à Condat-Le-Lardin au début de l'après-midi. La gare voisinait avec le bureau de poste, l'endroit où j'avais le plus de chance de trouver un annuaire, et dans l'annuaire le numéro d'un taxi. Dans le coin, on hélait les taxis par téléphone, les chauffeurs répondaient de leur domicile ou entre deux courses, souvent lointaines. Il fallait attendre. Enfin on m'avait transporté sur les six kilomètres me séparant du village. Plus déserte que jamais, la nationale 89 avait pris un coup de vieux, des bretelles la raccordaient à la nouvelle autoroute qui passait juste au-dessus. Un rond-point directionnel avait sécurisé l'accès à la première sortie vers le village, celle qui longeait le cimetière. Le taxi m'avait déposé devant le « coderc », un square ombragé de marronniers centenaires juste avant le grand virage qui remontait vers l'église, un coin charmant dignifié par le monument aux morts. Le soleil tapait dur.

Première étape, le chemin de La Lande, cinquante mètres plus bas. Décrépie, « la maison de La Bachellerie » avait rajeuni. Étêté, le tilleul majestueux. Arasée, la margelle du puits. Rhabillé en pelouse, le potager du Pépé. Je cherchais ce qui subsistait de l'ancien décor. Les plaques de lichen fauve et vert sur le muret. Le portail et ses barreaux en forme de flèches. Et le grelot qui s'accrochait. Grelot que j'agitais à peine, de peur de déranger les nouveaux propriétaires, mais dont le son me renvoya quelques secondes très loin en arrière, dans un espace-temps manifestement révolu. Dans le chemin aux mûres, plus de mûres, on avait effrangé les haies qui cachaient le pré et la réserve de maïs ; la vue s'étendait désormais jusqu'aux bois de Rastignac. La brise ne portait plus l'odeur du purin, les vaches du troisième millénaire avaient peut-être changé de régime alimentaire. Mais où étaient les vaches ? Et la fontaine ? Enfouie dans les herbes, la pompe désamorcée, humiliée par les inévitables piscines qui avaient fait leur trou aux alentours. Je remontai dans le dos du village. Bitumées, les venelles gravillonnées qui menaient chez la meilleure amie de ma grand-mère. Sa maison agonisait gentiment. Gouttières décrochées, volets cloués. Là encore, le lichen jaune et vert insistait. Plus haut, on avait rénové la place du village à la mode de toutes les provinces de France, marelle blanche de parking et bacs de fleurs domestiquées. Personne dans la rue principale écrasée par la grosse balle de soleil qui rebondissait sur les façades ravalées, javellisées. Le cœur du village semblait battre en milieu stérile, dans une bulle de vide. On n'y avait pourtant rien construit de dégradant. Des retouches, un *lifting* propret modifiaient des effets de surface qui ne réfléchissaient plus ce qu'il m'en souvenait. J'avais voulu voir l'œuvre du temps en pensant que je pourrais m'y retrouver. Sensations nulles, froides, vitrifiées. Quelques étincelles d'émois, vite éteintes, comme le chant du Cern ou l'écho miraculeux du grelot du portail. Pour le reste, le feu de la mémoire ne prenait pas, une brise inodore le soufflait. J'avais l'impression d'avoir rêvé mon enfance, cet état d'anomie me laissait ahuri. Pas la peine de s'attarder, j'annulais l'excursion au château de Rastignac et rappelais le taxi en goguette. Rendez-vous devant le coderc, là où il m'avait débarqué. Direction Brive, cette fois, trente kilomètres, une course à cent euros. Le chauffeur avait gagné sa journée. Le passager pensait avoir définitivement perdu les siens, ceux dont il ignorait qu'ils ne lui parlaient de rien.

II

Après un long silence, ce silence entendu sans m'y heurter pendant ma jeunesse, j'avais retrouvé l'histoire des Juifs réfugiés en Dordogne et à La Bachellerie dans deux livres essentiels. En 2003, Bernard Reviriego, conservateur aux Archives départementales de la Dordogne à Périgueux, avait publié *Les Juifs en Dordogne, 1939-1944*. Sous-titrée *De l'accueil à la persécution*, cette somme titanesque exhumait quantité d'informations des dossiers périgourdins et d'ailleurs. Passionnant mais jamais passionnel, ce travail impressionnait par sa rigueur et son amplitude. Derrière les textes, les dates et les chiffres, se profilaient des vies souvent anéanties, et Reviriego précisait, éclairait, interrogeait les documents, sans cesse, sans fin. À cette mémoire administrative, l'auteur avait voulu donner visage humain en esquissant dans la seconde moitié du livre les « parcours de vie » de quelque mille huit cents Juifs réfugiés en Dordogne. Des personnes incorporées dans des Groupements de travailleurs étrangers, internées dans des camps ou des prisons, déportées ou fusillées dans le département. J'y retrouvais la famille Schenkel de La Bachellerie. Nathan Schenkel était né le 12 août 1896 à Dukla, en Pologne ; naturalisé français en 1930. Sa femme, Esther, née Silbermann, le 14 juin 1898, à Radomysl, Polonaise naturalisée comme lui en 1930. Cinq enfants nés à Strasbourg, Cécile le 28 septembre 1930, Isaac le 1er janvier 1932, Jacques le 25 janvier 1933, Maurice le 12 juin 1935, Alfred le 4 juin 1937.

Le village était au cœur de l'enquête de Martial Faucon éditée en 2009, *Les Enfants martyrs de La Bachellerie*. Enfant du pays, né à Ajat, ancien maquisard devenu journaliste puis mémorialiste d'une guerre qui avait enflammé sa région, Faucon débutait par une brève chronique de la commune à travers les siècles avant d'aborder les années 1939-1944 au village et ses environs, l'évacuation des Alsaciens, la Résistance, la Milice, l'incursion de la division Brehmer et ses suites. Basé sur des documents d'époque et la mémoire de l'auteur, le livre donnait surtout la parole à ceux qui ne l'avaient jamais prise, du moins publiquement : les habitants du village. Édité à compte d'auteur, ce livre avait la touche, la ferveur, la nécessité du maquis. Martial Faucon résistait encore, cette fois contre l'oubli. S'ouvrant sur la poignante photo de la fratrie Schenkel, l'ouvrage s'achevait sur celles de l'inauguration d'une stèle à La Bachellerie, en mai 2008, on y avait gravé le nom des femmes et des enfants juifs raflés au village et à

Saint-Rabier, une commune toute proche, au nord, derrière le château de Muguet. Beaucoup de fleurs, de drapeaux, de monde ce jour-là aux côtés du maire de La Bachellerie, Roland Moulinier. « Ce sont les enfants de l'école primaire des lieux qui, guidés par Mme Beaussard, leur maîtresse, ont inscrit au stylet dans la pâte, avant cuisson, les noms de ceux qui sont morts de la plus affreuse façon dans les salles d'extermination », écrivait Martial Faucon. Cette stèle aux lignes étagées blanches et bleues s'élevait sur le coderc aux marronniers, près du monument aux morts, juste en face de l'endroit où le taxi m'avait déposé et repêché lors de mon retour raté. Elle crevait les yeux et je ne l'avais pas vue.

L'ouvrage de Martial Faucon résonnait de noms qui m'étaient connus, et pour deux d'entre eux très familiers. Marguerite Lagorce, la boulangère. Je la revoyais, petite, avenante, comme sa boutique près de l'église. Chevelure fauve et permanentée, maquillage discret, chemisier coloré, Mme Lagorce faisait moins que sa cinquantaine. Fort gentille, mais un brin réservée comme il sied aux jolies femmes d'un village périgourdin. Tous les deux jours, montant le raidillon qui partait du coderc, j'allais lui acheter une couronne « bien cuite », selon la recommandation du Pépé qui trouvait une nouvelle occasion de souligner, entre les repas, sa différence ontologique avec les amateurs de « pain pas trop cuit », les gens de la ville, les conducteurs de chiottes.

« Bien cuite », je n'avais pas besoin de le répéter à Mme Lagorce, qui me tendait la couronne en souriant. J'ignorais que ces mains baguées avaient aidé la Résistance.

Autre madeleine patronymique dans l'ouvrage de Faucon : Faraggi. Alias « le docteur Faraggi ». Il habitait et consultait dans une maison pimpante, au bas du bourg, sur la droite, près du pont sur le Cern. Mes souvenirs m'en parlent comme d'un homme fluet, au visage émacié, arrondi par des lunettes à gros verres posées au bord de pommettes proéminentes. Serviette de cuir rivée à la main, il passait parfois chez mes grands-parents pour prendre leur tension, prescrire des prises de sang pour vérifier le taux de sucre ou de cholestérol. À l'époque, on disait « faire de la tension », « faire du cholestérol », on parlait d'« abcès » pour un cancer ; on fabriquait ses maladies, on les nommait à sa façon, on n'en accusait personne. On voyait peu le docteur Faraggi, mais on le savait là, capable, rassurant. Il est de Macédoine, précisait mon grand-père, qui ne voyageait que sur son globe électrique.

Cinq femmes arrêtées à La Bachellerie le 30 mars 1944 sont revenues du camp d'Auschwitz : Sonia Apelgot, Bella Vogelhut et sa fille, Sabine, et les sœurs Jochwet et Golda Borensztejn.

Bella, Sabine et Jochwet étaient décédées. Je ne composai jamais le numéro que j'avais pour Golda, née en 1915. Les personnes à qui je m'étais adressé n'avaient aucune information récente concernant Sonia Apelgot. Née en 1924, devenue chercheuse au CNRS, elle avait *raconté* Auschwitz, notamment dans *Le Grand Livre des témoins*. Sabine Vogelhut, épouse Krenik, avait évoqué son histoire dans une lettre lisible sur le site du lycée Jean-Macé de Niort, lettre datée de 1979 – toujours très traumatisée trente-cinq ans après les faits, elle surévaluait le nombre des victimes à La Bachellerie. Jochwet Borensztejn, épouse Jeannette Lichtenstein, avait témoigné dans un entretien filmé pour la Survivors of the Shoah Visual History Foundation créée par Steven Spielberg.

Martial Faucon avait retrouvé l'un de ceux qui avaient échappé à la rafle au village. Alors âgé de quatorze ans, recueilli par un voisin, Benjamin Schupack avait pu rejoindre son père, Jacques, et son frère aîné, Joseph, dans un hameau des environs. Sa mère, Ida, son cadet, Paul, sa grand-mère maternelle, Mina, trois de ses tantes, trois de ses cousines et l'un de ses cousins, tous raflés au bourg, avaient été gazés à Auschwitz. Son grand-père maternel, Rubin Gold, avait été fusillé à La Genèbre, dans le haut du village. L'un de ses oncles, Maurice Gerst, au-dessus de la gare. Dans *Le Mémorial* de Serge Klarsfeld figurait une photo de famille réunissant dix de ces malheureux.

Debout : Suzanne Krieger, Régine Gerst, Mina Gold, Ève Liechtenstein, Rubin Gold, Ida Schupack. Assis : Rosette et Colette Krieger, Maurice Liechtenstein, Paul Schupack avec, au premier plan, le survivant Benjamin Schupack.

Benjamin Schupack habitait désormais une petite ville de l'Hérault, un lieu charmant, non loin des

rivages industriels de La Grande-Motte. Au téléphone, les premiers noms que je prononçai en guise
de sésame furent Martial Faucon, de qui je me
recommandais, et La Bachellerie, ce village que nous
partagions, mon interlocuteur et moi, d'une étrange
et terrible façon. Je lui précisai mes liens avec le village, lui confiai mon émoi à la découverte d'une histoire dont je ne savais rien, et tentai de définir le
sentiment qui m'avait envahi devant la photo des
enfants Schenkel, un mystérieux élan d'amitié, cette
impression de les connaître un peu, de les avoir beaucoup perdus. Se souvenait-il de la famille Schenkel ?
Non, il ne s'en souvenait pas. Pas plus des parents
que des enfants. La fille, peut-être... Cécile, le
prénom lui disait quelque chose, mais il pouvait la
confondre avec une autre, Monique Wachtel, la fille
d'un médecin juif, réfugié lui aussi à La Bachellerie.
Benjamin Schupack avait pourtant déclaré à Faucon
se trouver dans le même train que Cécile et son petit
frère Alfred en cette fin d'après-midi du 30 mars
1944 alors qu'ils rentraient de Périgueux. Un point
à éclaircir, parmi cent. Mais était-ce à moi de le faire,
pensais-je en griffonnant quelques notes, moi qui
remuais le passé d'un homme que je ne connaissais
pas, d'un homme de plus de quatre-vingts ans, qui
avait perdu une partie des siens à Auschwitz et à La
Bachellerie ? Je n'étais pas juif. Benjamin Schupack
ne me l'avait pas demandé, mais j'avais cru bon le lui
préciser, l'assurant que je ne comptais pas m'arroger la
mémoire et la douleur juives en ce qu'elles avaient

d'intime pour lui et d'inconnaissable pour moi. Impossible pour moi de prendre l'effroyable mesure de cette mémoire, de cette douleur-là. Elles dépassaient, neutralisaient mon imagination. Je ne pouvais rien imaginer d'un sujet si réel. Je ne ferais pas de cette histoire, de son histoire, un roman. Au bout du fil, Benjamin relançait la conversation, plus concrètement. Retourné au village pour l'inauguration de la stèle sur le coderc, il en avait profité pour faire un tour dans le bourg, revoir les maisons où sa famille avait logé, tenter de retrouver des gens qu'ils avaient fréquentés entre 1939 et 1944. Or les maisons étaient closes ou ceux qui ouvraient leur porte ne savaient rien, disaient ne rien savoir. Benjamin Schupack avait eu l'impression que son retour, sa présence rouvraient une vieille plaie chez certains. À lui, bien sûr, il était impossible d'oublier. Après la guerre, en 1948, il avait pris un bateau pour une nouvelle vie en Israël. Il s'y était marié. Il voulait être heureux. Alors… Alors je n'étais pas juif et je n'avais pas connu la guerre, mais j'avais été un enfant de La Bachellerie, et j'en avais des souvenirs et des mystères. Je cherchais ce qui liait les hommes, les âmes, les lieux dans le temps. Difficile à expliquer au téléphone.

Benjamin Schupack m'avait invité à passer deux jours dans sa maison de l'Hérault. Il me raconterait son histoire, autant qu'il s'en souvenait, il avait « beaucoup occulté ». Il m'ouvrirait des cahiers rédigés par son père, Jacques, décédé en 1994. Une sorte d'autobiographie, en forme de journal plus ou moins chronologique et daté, un journal en différé, composé de mémoire, complété d'informations recueillies après la guerre, écrit dans un français hésitant, mâtiné de yiddish, d'alsacien et d'allemand. Mais toujours expressif, et souvent ironique.

Les quatre grands-parents polonais de Benjamin s'étaient installés à Strasbourg dans les années dix et vingt. Avant de quitter définitivement la Pologne, son grand-père paternel, Chaïm, circulait déjà hors de son pays pour s'employer sur des chantiers de maisons. Le père de Benjamin, Jacques, était né à Bâle en 1901. Son grand-père maternel, Rubin Gold, était entré en France en 1921, où l'avait suivi quelques années plus tard sa femme, Mina. Rubin et Mina Gold avaient quatre filles : Ida, Régine, Suzanne et Ève. Jacques Schupack et Ida Gold s'étaient mariés en 1925 à Strasbourg. À l'époque, Jacques n'avait « pas un sou en poche », les jeunes époux vivaient dans un trois-pièces acheté par Rubin. Ils avaient eu trois garçons : Joseph en 1926 ; Benjamin en 1929, l'année où ses parents étaient devenus français ; Paul en 1935.

Dans les années trente, la famille Schupack logeait dans un immeuble récent de la rue de Soleure, située entre deux bras de l'Ill. Représentant de commerce, Jacques sillonnait la région dans sa Berliet d'occasion.

Il vendait des choses diverses, des horloges à carillons Westminster, des cadres pour photos, des rouleaux de draps. Ida le suivait souvent dans ses déplacements, pour le seconder, et peut-être le surveiller un peu, elle savait son mari joli cœur. Rubin Gold avait en partie élevé ses petits-fils. Autorité morale et religieuse de la famille, il portait longue barbe et chapeau. Comme beaucoup d'émigrés ashkénazes, les Schupack et les Gold étaient mal vus des Juifs de souche alsacienne, plus aisés, parlant le français et l'allemand. Pauvres et le disant en yiddish, les « Polaques », comme les surnommaient leurs coreligionnaires alsaciens, avaient mauvaise réputation. Miséreux, chicaneurs, voleurs, réduits au colportage ou à la mendicité. Le meilleur moyen de s'intégrer, de se blanchir aux yeux des méfiants, c'était la naturalisation française. Mais même devenus français, ce n'était pas gagné, les préjugés persistaient. Les deux communautés s'évitaient et ne priaient pas dans les mêmes lieux de culte.

Le parcours de Nathan et d'Esther Schenkel présentait des similitudes avec celui de la famille de Benjamin. Polonais nés à Dukla et Radomysl, dans les Basses-Carpates, exilés à Strasbourg, c'étaient eux aussi des *Ost Juden*, des « Polaques » devenus français. Une famille anéantie en 1944 dont la biographie était autrement plus difficile à reconstituer, surtout du côté d'Esther. Nathan avait plusieurs frères et sœurs, m'avait appris l'une de ses nièces, Monique Fischel qui ne l'avait pas connu, et qui vivait à Jérusalem. Moshe, le père de Monique, qui avait été déporté à Auschwitz. Anna, qui en était revenue. David, réfugié avec sa famille à Périgueux pendant la guerre. Mirl, réfugiée à Aixe-sur-Vienne avec son fils, Isi, et leur mère, Perel. La mère de Nathan se prénommait donc Perel, veuve d'Isaac, décédé en 1932. Et Nathan avait encore deux autres sœurs, l'une morte à Strasbourg dans les années trente, l'autre mariée en Pologne.

Mireille Rosner, l'épouse d'Isi, un neveu de Nathan, vivait à Strasbourg. Elle m'avait envoyé quelques photos de cet homme qu'elle n'avait jamais vu. L'une le représentait en uniforme, sans doute autrichien. Avait-il émigré juste après la guerre qui avait rendu l'indépendance à la Pologne ? En 1921, Nathan Schenkel était à Strasbourg, une photo le situait au seuil d'une échoppe de brocanteur, accompagnée d'un petit mot en allemand.

« Strasbourg, le 7.6.21
Chère sœur !
Je t'envoie ma photographie. Je me tiens devant la boutique de David. Avec bien des salutations, des bises ainsi qu'à tes chers enfants. Salutations spéciales à David.
Ton frère fidèle, Nathan »

À Strasbourg, la famille Schenkel habitait au 6 de la rue de Barr, près du barrage Vauban et du quartier de la Petite France. Des gens modestes, m'avaient assuré mes correspondantes.

À la fin des années trente, raconte Benjamin, nous allions souvent nous promener sur les bords du Rhin. Mon père, qui était très à gauche, s'exclamait : « Vous voyez là-bas, la ligne Siegfried… C'est du carton ! Nous, on a la ligne Maginot. Les Allemands ne viendront pas. D'ailleurs, ils n'ont pas à manger. » Jacques Schupack se méfiait pourtant des Allemands. En septembre 1938, en attente des résultats de la conférence réunissant Daladier, Chamberlain, Mussolini et Hitler en Allemagne, il avait préféré éloigner sa famille de Strasbourg et pris une pension à Vittel. Après les accords de Munich, les Schupack étaient revenus rue de Soleure.

En août 1939, ils passaient des vacances à Échéry, un coin collé à Sainte-Marie-aux-Mines, au sud de Strasbourg, quand la menace de guerre les avait rattrapés. Mobilisé dès la fin du mois, laissant femme et enfants dans la campagne alsacienne, Jacques avait rejoint dans sa Berliet un régiment d'infanterie à Raves, dans les Vosges. Le 1er septembre, l'Allemagne enfonçait la Pologne. Pour Ida et ses trois fils, impossible de rentrer à Strasbourg. Tous ses habitants devaient même en partir, évacués d'urgence. La ville et ses environs se videraient en quelques jours. Affiches et haut-parleurs indiquaient la marche à suivre aux Alsaciens qui abandonnaient tout au son du tocsin. Avec trente kilos de bagages à main et quatre jours de vivres, beaucoup gagnaient à pied les gares périphériques. On n'embarquait plus à la gare centrale de Strasbourg. Début septembre, les premiers trains d'évacués s'ébranlaient vers le Centre et le Sud-Ouest. D'autres prendraient la route, comme Szulin Borensztejn, commerçant, sa femme Laja, et leurs filles Golda et Jochwet, âgées d'une vingtaine d'années.

La famille Schenkel devait se trouver dans ces trains bondés que Jacques Schupack voyait passer à la gare de Raves. C'est triste, « aucune organisation, personne ne les accompagne ». Fin septembre, il avait obtenu la permission d'aller voir les siens, toujours bloqués à Échéry. Ida ne pouvait plus payer le loyer et le gaz de la location de vacances, mais Jacques ne manquait pas de ressources. Le coffre de la Berliet contenait encore un rouleau de drap. Il avait convaincu la supérieure de l'hôpital de Sainte-Marie-aux-Mines de le lui acheter à bon prix. Puis il était reparti pour Raves retrouver sa garnison de réservistes « en pagaille » attifés d'uniformes ruinés et de godillots moisis.

Fin septembre ou début octobre 1939, Ida et ses trois fils avaient enfin pris un train à Sainte-Marie-aux-Mines. Sur le quai, se rappelle Benjamin, des dames de la Croix-Rouge en coiffe nous distribuaient des boîtes de pâté Olida, on ne mangeait pas casher, on ne retournait pas à l'école, on voyageait dans un wagon sur de la paille… C'était assez exceptionnel, nous étions trop jeunes pour avoir peur. Il me semble que mon grand-père Rubin nous accompagnait. Ma grand-mère Mina, mes tantes Régine, Suzanne et Ève avaient dû partir de leur côté, avec leurs enfants, Colette, Rosette et Maurice. Le voyage jusqu'à Périgueux a duré deux ou trois jours. À l'arrivée, on a rejoint le centre d'accueil de la Croix-Rouge.

Sur quatre-vingt mille Alsaciens évacués en Dordogne, douze mille environ se massent dans le canton de Périgueux, dans des habitations ou des baraquements, comme ceux construits près de la chapelle Sainte-Ursule. Les autres sont répartis sur plus de trois cents communes du département. Les Schupack sont très vite dirigés sur La Bachellerie, à quarante kilomètres à l'est de la préfecture. En train ou en car par la 89 ? Benjamin ne sait plus. Par la route ou le rail, en venant de Périgueux, on passait toujours devant le château de Rastignac.

Un document de la préfecture chiffre à quatre-vingt-dix le nombre d'évacués alsaciens à La Bachellerie – beaucoup plus dans le souvenir de certains. En attente d'un toit, Benjamin et les siens sont hébergés au foyer municipal, « la salle des fêtes », dont on vient de refaire le plancher. D'autres sont logés dans l'hôtel-restaurant derrière la place. La plupart des évacués toucheront une allocation versée par l'État, mais ils manquent de tout. Outre un logement, il leur faut des lits, des couvertures, des vêtements, des meubles, des ustensiles de cuisine. On organisera une kermesse. Les arrivants sont tombés sur un maire qui a du cœur, Marcel Michel, un ancien instituteur de soixante-sept ans. Michel se préoccupe du sort des pauvres et des paysans jusque sur les bancs de la Gauche démocratique et radicale-socialiste au Sénat, où il a été élu en 1928.

C'est Joseph, le frère aîné de Benjamin, qui a repéré une maison vacante en face de la salle des fêtes de La Bachellerie. Les propriétaires habitent à Périgueux. Partis là-bas en auto-stop avec un bon de réquisition délivré par le maire, Joseph et sa mère en sont revenus avec les clefs. Le rez-de-chaussée se limite à une cuisine et une pièce assez spacieuse pour y placer deux lits. Deux chambres à l'étage, on verra avec les propriétaires. Pas d'eau, on ira à la fontaine municipale, sous la place. L'été, il faudra la tirer d'un puits derrière le village. Les toilettes ? Au fond de la cour. On n'est plus à Strasbourg et pour la plupart des évacués le choc est rude.

Arrivé à Terrasson, chef-lieu du canton, le docteur Joseph Weill raconte dans *Le Combat d'un juste* qu'il a d'abord séjourné dans un hôtel de la ville. « Une poussière et une saleté folkloriques régnaient partout, draps de lits défraîchis et déchirés, rideaux troués et en loques, fauteuils défoncés, chaises branlantes, portes d'armoires grinçantes, ne fermant pas. » Dans les fermes et maisons, évidemment, c'était pire : « sols en terre battue », « chèvres et poules encombrant les cuisines », « vitres grasses laissant filtrer une lumière incertaine ». Parmi les curiosités locales, le médecin de Strasbourg note que les grands-mères périgourdines se lavent le dimanche avec une bouteille remplie d'eau. « Prendre un bain était signe de mœurs douteuses, réservées aux "demi-mondaines" ! » Cette Dordogne qui vivait toujours à l'heure de *Jacquou le Croquant* en 1939, je l'avais connue.

À huit ans, j'allais pomper l'eau à la fontaine du chemin aux mûres avec ma grand-mère, dans deux seaux, un duo de plastique et de fer-blanc, douze litres chacun, remplis comme il fallait, juste assez pour qu'ils ne débordent pas sur les cent mètres nous séparant de la maison. Cette eau précieuse étanchait la soif et servait à la cuisine. Pour les toilettes et les-sives, celle du puits à l'entrée du potager faisait l'affaire. Interdiction d'en boire sous peine d'« attra-per la typhoïde » à cause des germes charriés par les infiltrations pluviales de lisier. Fraîche en été, glacée en hiver, l'eau du puits, mais chauffée sur le poêle pour nous, les enfants, qu'on plongeait de temps à autre dans des bassines fumantes. Rinçage minimal, on nous essuyait tout savonneux. Je n'ai jamais sur-pris ma grand-mère se laver avec une bouteille le dimanche ou un autre jour de la semaine. Où, quand, comment procédait cette femme qui n'avait rien d'une demi-mondaine ? Elle avait sûrement un endroit, des heures et des techniques à elle, son propre artisanat de la pudeur et du savon. En hiver, des briquettes posées sur les chenets ou sur le poêle climatisaient nos draps humides. La nuit, on pissait dans un pot de chambre, visant au petit bonheur la chance la cible pâle dans l'obscurité, pendant que les souris dansaient au grenier. Le jour, on se rendait dans un réduit de pierre jouxtant les étables à brebis. On s'asseyait au trou d'un large coffre de bois survolé de grosses mouches aux ailes vernissées, avant de se torcher aux pages de vieux journaux râpeux. Robinets et sanitaires sont arrivés dans les années soixante-dix.

Au téléphone, une vieille villageoise grommelle au souvenir des évacués d'Alsace. « Nous n'étions pas assez bien pour eux, les gens de la ville. Ils nous trouvaient sales et arriérés. » Peut-être bien, comme on dit là-bas, mais il y avait sans doute moins de mépris que de colère et d'ahurissement chez ces gens coincés dans un décor étrange, imposé. Dans les maisons, de la terre battue. Dehors, des routes bouseuses, des chemins crayeux défoncés d'ornières. La plupart se demandaient où ils avaient atterri. Dans ses souvenirs, le pasteur Charles Altorffer, directeur des Cultes d'Alsace, rapporte la plainte des réfugiés de l'Est : « Il faut que nous sentions à nouveau sous nos pieds des trottoirs et du pavé, qu'on ne connaît pas dans nos patelins de malheur. » Le sol national tremblait, le malheur dépassait la Dordogne comme les Alsaciens.

C'était celui d'un pays qui avait déjà perdu. Un exode avant l'exode. « Nous avons échoué dans un village retranché de la route nationale », se souvient Jochwet Borensztejn. Les Borensztejn ne devaient pas compter parmi les méprisants. Jochwet précise qu'ils ont été plutôt bien accueillis par les gens du coin, avec qui ils ont tissé au fil du temps de « bons rapports ».

Tous les évacués alsaciens – mécréants, catholiques, protestants, la douzaine de familles juives – ont fini par se loger à La Bachellerie. Les grands-parents de Benjamin, Rubin et Mina, en face de l'école et de la mairie, au-dessus du coderc. La famille Schenkel, une vaste maison à l'angle du chemin du Breuil et de la rue principale, dans le haut du village, en allant sur Montignac, loin de la route nationale.

Au début de l'année 1940, Jacques Schupack avait brandi devant son capitaine un télégramme alarmant : Ida était très malade en Dordogne. Mensonge, mais la « combine » avait marché. Le réserviste avait pu se rendre quelques jours auprès d'Ida et des garçons à La Bachellerie. En sautant sur le quai de la gare de Périgueux, il est cueilli par les rudes mesures du dialecte alsacien. Dans la rue, il croise même des visages connus à Strasbourg. « Les Alsaciens ont trouvé un deuxième foyer en Dordogne, parfois bien, parfois moins bien. » La mairie, la trésorerie, les services académiques et sociaux de Strasbourg se sont transportés à Périgueux. Banques, compagnies d'assurance et mutuelles ont suivi le mouvement. La migration alsacienne dope l'économie locale. Les commerces sont envahis. Il s'en crée même de nouveaux, épiceries et restaurants. Saucisses et choucroute rivalisent avec les rillons et le confit d'oie. Dans les kiosques, on trouve *Les Dernières Nouvelles d'Alsace* aussi facilement que *L'Avenir de la Dordogne* ou *L'Argus du Périgord*. Le préfet de la Dordogne, Marcel Jacquier, et l'adjoint au maire de Strasbourg, Marcel-Edmond Naegelen, jouent l'entente cordiale. Fritz Münch, le patron du Conservatoire de Strasbourg, a reconstitué son orchestre. Les protestants strasbourgeois gonflent l'assistance du temple de la rue Antoine-Gadaud, les catholiques découvrent le bijou romano-byzantin de la ville, la cathédrale Saint-Front, dont la crypte abrite une part des archives de Strasbourg et des piles d'incunables déménagés à la hâte des bibliothèques de la cité interdite. Plus inattendus sont les Juifs, la Dordogne n'en comptait qu'une dizaine de familles avant la guerre, ils s'y retrouvent environ six mille à l'automne 1939, la moitié dans la zone de Périgueux. On improvise une synagogue dans la salle d'assises du palais de justice, en attendant mieux. Pour un quart ou un tiers alsacienne, Périgueux est devenue « Strasbourg-en-Périgord ». La presse parisienne trouve là un sujet propre à divertir un peuple engagé dans une catastrophe nationale. En janvier 1940, *Match* consacre six pages de photos aux Strasbourgeois de Périgueux, sans mégoter sur le jeu de mots fluvial : « Ils ont retrouvé l'Isle et le foie gras. » Et d'autres plaisirs plus clandestins dont l'ancêtre de *Paris Match* ne parle pas. Affrété par train spécial, un équipage de prostituées encartées à Strasbourg occupe le quartier ouvrier de La Perlerie. Jacques n'a qu'une envie, retrouver femme et enfants après cinq mois de séparation.

La maison est minuscule, incommode, mais ses trois garçons se portent bien. Paul, bientôt cinq ans, qui gazouillait en alsacien, maîtrise de mieux en mieux le français. Au point de chantonner « Auprès de ma brune » sur l'air d'*Auprès de ma blonde* à la gloire de sa mère aux cheveux de jais. Il s'est lié avec un pauvre gosse handicapé moqué par les autres gamins. Benjamin, dix ans, doit être inscrit à l'école du village. À quatorze ans, Joseph suit peut-être déjà des cours d'apprentissage dans une école profession-nelle de Périgueux. Une certitude : les enfants Schu-pack et ceux des autres réfugiés alsaciens s'adaptent mieux que les adultes à La Bachellerie. Au moins personne n'est dépaysé par le climat, l'hiver est aussi rude que dans l'Est. Le Secours national a com-mandé trente mille poêles et couvertures pour les évacués du département, mais on manque de char-bon. Les Schupack et d'autres Juifs du village sont peut-être soutenus par l'Aide sociale israélite. Repliée de Strasbourg, l'ASI s'est installée rue Thiers à Péri-gueux. Elle secourt les Juifs évacués dans le Sud et les « apatrides » internés dans les camps de Gurs,

Rivesaltes et Récébédou. Démarches administratives, accès aux vivres, aux vêtements et aux soins, l'ASI fait beaucoup de choses, mais ne livre pas de charbon. Jacques doit aller ramasser des branches mortes dans les bois du coin au risque de se faire engueuler par leurs propriétaires.

Après cet intermède périgourdin, Jacques a rejoint son régiment de réservistes dépenaillés pour une lente glissade vers le Dauphiné. Épinal, Remiremont, puis Grenoble, dans une caserne de chasseurs alpins. Le jour, il travaille dans une fonderie. Le soir, il s'ennuie dans un cantonnement où deux cent cinquante hommes s'affalent sur des lits de paille. La nuit descend vite dans la cuvette dauphinoise plongée dans le noir pour échapper à l'aviation ennemie. Les réverbères en berne, la signalétique se réduit aux habits blancs des passants parfois armés d'une lampe de poche. Les voitures se traînent à trente à l'heure tous feux éteints ou munies de lanternes de ville. Cafés et restaurants ferment tôt, comme les volets des maisons, le préfet ne veut pas voir de lumière filtrer des habitations. Las de son lit de paille et des plaisanteries de chambrée, Jacques a loué un logement et passé une annonce pour le meubler. Il veut faire venir sa femme et ses fils à Grenoble le plus tôt possible. Une sorte de regroupement familial, ses parents, son frère et ses sœurs sont déjà installés dans la ville après avoir quitté Strasbourg.

Ida Schupack jubile à l'idée de quitter La Bachellerie. Elle s'y sent seule, malgré l'entourage des siens et des autres Alsaciens, juifs ou non. Les villageois ne cultivent aucun sentiment particulier à l'égard des Juifs, ils n'en ont jamais entendu parler, ni en bien ni en mal. L'antisémitisme, c'était à Strasbourg, précise Benjamin. Pour les Bacheliers de 1940, Ida passe avant tout pour une femme de la ville, d'une grande ville abstraite, que certains ne sauraient situer sur une carte. Même si les évacués d'Alsace s'accordent à trouver La Bachellerie plutôt accueillante, même si les tensions avec les locaux y sont moins vives que dans d'autres communes du département, cela ne devait pas être drôle tous les jours de cette drôle de guerre.

Vacancier à l'accent pointu, j'avais droit aux « Parigot, tête de veau ! » quand je descendais là-bas dans les années soixante-dix. On imagine ce que certains réservaient aux évacués de l'Est en 1940. À Périgueux, on les surnomme les « yayas », on les traite même de « Boches » à cause de leur dialecte. En mai 1940, le préfet Jacquier s'en est ému par un appel à la population : les Alsaciens parlent leur dialecte parce qu'ils ont « le sentiment réconfortant d'être chez eux en Dordogne, dans ce doux pays de Montaigne, si parfaitement humain et tolérant ». Les Alsaciens parlent leur dialecte comme les Périgourdins leur patois. Pas de quoi en faire une histoire, mais il faut faire des efforts des deux côtés, les Alsaciens doivent éviter de parler leur langue dans les lieux publics, spécialement les fonctionnaires. Quant aux réfugiés belges, car il y a aussi des Belges à Périgueux, chassés de Belgique par les Allemands, ils sont d'autant plus priés de « s'abstenir de réflexions désobligeantes à l'égard des Alsaciens » qu'on ne leur impute pas « l'inqualifiable trahison de leur roi ». Le préfet Jacquier ne mentionne pas les Juifs. En mai 1940, avant la Débâcle, il n'y a pas de problème juif en Dordogne.

Au dernier moment, sur les conseils de son père, Jacques Schupack a renoncé à faire venir sa famille à Grenoble. En juin 1940, l'Italie est entrée en guerre, on craint une déferlante fasciste sur la ville. Au nord, le rouleau compresseur allemand écrase la Touraine. Il va franchir la Loire.

Le 20 juin 1940, sur la ligne Maginot emboutie et encerclée, une poignée de soldats résistent aux assauts allemands dans le secteur fortifié de Faulquemont en Moselle. Parmi eux, un commandant de l'ouvrage de Laudrefang. Face à l'avancée ennemie, il a fait saboter casemates et blockhaus d'intervalles, il résiste avec ses hommes dans les boyaux de la ligne, à quarante mètres sous terre. Il a décidé d'épuiser ses munitions, avant de se saborder. Les palabres d'armistice suspendent les attaques au sol mais non les bombardements. Le 25 juin, le commandant apprend qu'il faut se rendre et rendre les murs de la Maginot dans le meilleur état possible. « La guerre est finie, plus d'ennemis, tous amis ! », plastronne le général Vogl. Mais le commandant et les autres officiers de Faulquemont s'entêtent, encerclés mais non vaincus, ils ne rendront leurs ouvrages que sur ordre du haut-commandement français. Côté allemand, on ricane, on consent à leur laisser leurs armes, pour l'honneur. Le 2 juillet, c'est la fin des haricots, les équipages de Faulquemont, les premiers résistants en quelque sorte, sont emprisonnés à Saint-Avold. Le commandant courageux part le 12 juillet pour Mayence avec son sabre, son pistolet et son fusil de chasse, qui lui seront bientôt enlevés.

Ce commandant se nomme Adolphe Denoix. Né en 1884, à La Bachellerie, comme son père, le docteur Arnaud Denoix. Élu député républicain de la Dordogne en 1891, Arnaud Denoix fut aussi maire du village et sénateur, comme plus tard Marcel Michel. Mort en 1917, l'année où son fils Adolphe a obtenu la Légion d'honneur pour sa guerre héroïque à Verdun. À la fin des années vingt, Adolphe Denoix s'est rapproché des Croix-de-Feu, la ligue d'anciens combattants nationalistes du colonel François de La Rocque, futur chef du Parti social français. En 1936, il s'est rêvé député de la Dordogne avant de déchanter.

Ancien combattant de 14-18, père de famille, Adolphe Denoix sera libéré et retrouvera le fief familial de La Bachellerie, à trois kilomètres du village, au bord de la nationale 89, au lieu-dit Estieux.

La ligne de démarcation tracée en juin 1940 ébrèche l'ouest de la Dordogne, laissant la majeure partie du département en zone non occupée. À La Bachellerie, on voit passer les restes de la Débâcle sur la nationale 89. Du côté de Rastignac, se rappelle Benjamin, les chemins fourmillaient de voitures, de camionnettes, de troupes qui se battaient les flancs en attente d'ordres. Dans un témoignage enregistré pour les Archives départementales de la Dordogne, son frère Joseph parle de colonnes de civils arrivant du nord de la France, des Belges, des Hollandais, mais aussi des centaines de soldats français en débandade, à pied, dans des cars ou des camions, et des officiers en décapotables avec des femmes dedans, le tout pendant un mois.

Sauvée de l'invasion par le général Olry, qui a contenu les Italiens dans les Alpes jusqu'à la signature du second armistice, Grenoble ressemble pourtant à une ville morte, battue par la pluie. Jacques Schupack parle du 30 juin 1940 comme d'un jour « déplorable et sombre », « le temps pleure » à l'unisson des habitants. Le 8 juillet, il est démobilisé avec un acompte de 200 francs, le solde de 800 francs arrivera plus tard. Le 9, il rejoint Lyon en train. Le 10, le voilà à la gare de Périgueux, où il n'est pas revenu depuis six mois. À Périgueux, Jacques tombe toujours sur des visages connus. Là, du côté de la consigne, c'est l'un de ses beaux-frères, Jean Krieger. Juif polonais de quarante ans, Krieger était garçon de café à Colmar avant de s'engager en 1939. Lui aussi démobilisé et en route vers La Bachellerie, il va retrouver sa femme, Suzanne, et ses deux fillettes, Colette et Rosette. Jacques et Jean arrivent sans doute ensemble le 11 juillet au village. La veille, le maire, Marcel Michel, s'est abstenu lors du vote accordant les pleins pouvoirs à Pétain à l'Assemblée nationale. Jacques va retrouver les siens dans la petite maison en face de la salle des fêtes.

Au début de l'été 1940, un homme se présente à la boulangerie de Marguerite Lagorce. Il se nomme Charles Netter, il est né à Colmar il y a quarante-deux ans, il est accompagné de sa femme, Adrienne, et de leurs enfants, Yves et Monique. À dix-huit ans, Netter s'est battu dans le bourbier de la Grande Guerre. Après l'École nationale de chimie de Mulhouse, il a voyagé dans les colonies, Dakar et Zanzibar. Avant la guerre, il travaillait dans l'entreprise de son beau-père, richement établi dans le textile à Valenciennes. Là-bas, il passait pour un type jovial, insouciant, on le surnommait « Charlot ». En 1940, c'est un soldat vaincu, un père de famille en fuite. Impossible de rentrer à Valenciennes, ville bombardée, interdite aux réfugiés depuis l'armistice. Charles Netter implore presque Marguerite Lagorce de lui trouver du travail. La boulangère a dû poser ses beaux yeux sur ceux cernés de la petite Monique. Une gamine chétive, de coloration phtisique, sursitaire de la vie depuis sa naissance.

Mme Lagorce emploie déjà un commis mais un renfort au fournil ne serait pas de trop, son mari est prisonnier en Allemagne. Elle va héberger les Netter et embaucher Charles. Il apprendra à pétrir la pâte, à surveiller le four d'où sortent les couronnes craquantes. Pareilles à celles que je passais à mes poignets d'enfant pour m'en faire d'énormes bracelets.

Charles et Adrienne Netter

Dans les valises de la Débâcle de juin, d'autres Juifs arrivent en Dordogne, à La Bachellerie. D'abord les familles Acsel et Wachtel, roumaines et apparentées. Le docteur Marcus Acsel habitait rue Adèle à Villemomble avec sa femme Hesel – ou Suzanne – (une Wachtel), et leur fils, René, qui fêtera ses huit ans au village. Bernard Wachtel, domicilié à la même adresse à Villemomble, avec sa femme, Rachel, et leur fils, Léonte qui, lui, habitait Paris ; entré en France en 1933, Léonte a fait sa thèse de médecine sur le syndrome assez rare de la côte cervicale, une côte surnuméraire comprimant les nerfs et le sang du bras. Dans la famille Wachtel, on trouve encore Philippe, le frère de Bernard, son épouse, Dorothé, et leur fille, Monique, huit ans, de Montmorency. Médecin lui aussi, Philippe Wachtel travaillait avec Marcus Acsel dans leur clinique du 123, boulevard Sébastopol à Paris. J'ai retrouvé une publicité qu'ils passaient dans *L'Humanité* en 1925 au début de leur installation : « Malades, adressez-vous avec confiance, voies urinaires, sang, peau, consultations de 9 heures à 20 heures, et dimanche matin. »

Dans *Les Crimes de la division « Brehmer »* de Guy Penaud, je lis que Jean Bernheim-Jeune, le marchand d'art de la grande galerie de la rue du Faubourg-Saint-Honoré, s'est réfugié à Terrasson avec sa femme et son fils. Il louait un appartement à une certaine demoiselle Dufréchou. La demoiselle ne se doutait pas du trésor entreposé chez elle. Un Van Gogh, trois Bonnard, quatre Manet, sept Cézanne, trois Toulouse-Lautrec, un Matisse, un Redon, un Morisot, cinq Renoir, cinq Vuillard, deux Sisley. Un jour, sur un pont de la Vézère, peut-être ce Pont-Vieux construit par l'abbaye de la ville au XIIe siècle, Odette, la femme de Bernheim, avait croisé Ghislaine Fairweather, la fille de la châtelaine de Rastignac. Les deux femmes s'étaient reconnues, souri ; elles s'étaient déjà vues à Paris, aux temps heureux, lors d'un vernissage, dans un dîner ou une soirée à l'opéra, peut-être.

L'occupant incitait fermement les Alsaciens à revenir dans leur région, à condition qu'ils ne soient pas juifs. En juillet 1940, Périgueux commence à se vider des réfugiés arrivés dix mois plus tôt. Les premiers reprennent la route en bus ou en voiture. Début septembre, le reflux s'accélère, un train par jour en partance de Périgueux, où confluent les évacués du département. Dans son journal, Jacques Schupack évoque le départ des « Alsaciens chrétiens » de La Bachellerie. Petit événement encadré par d'étranges cheftaines, des « dames de la haute société, ayant des sympathies pour le nouvel ordre de Pétain ». Qui sont ces bourgeoises pétainistes sous la plume d'un réfugié juif de gauche ? Dirigé par un maire progressiste, le village n'abritait pas spécialement une gentry vichyste. Ici comme ailleurs, on trouvait de tout. Une majorité de rad-socs (ceux qui avaient élu le maire). Des SFIO. Des républicains. Des communistes, interdits de parti depuis 1939, mais veillant au grain, dans une relative liberté d'action et de parole. Des pétainistes aussi, les amis d'Adolphe Denoix. D'un bord à l'autre, engagés, militants et agitateurs n'étaient pas si nombreux. Beaucoup de paysans taisaient leurs opinions ou cultivaient un scepticisme empirique face à la chose publique. Les décrets du ciel qui pouvaient ruiner une récolte leur importaient davantage que ceux des assemblées.

L'affiche placardée à la mairie stipule que ce retour en Alsace exclut les Juifs. D'après Jacques, ça ne les a pas empêchés d'accompagner « les Chrétiens » à la gare. Les femmes s'étreignent en pleurant sur le quai. Celles qui partent craignent ce qui les attend à Strasbourg. Celles qui restent s'inquiètent de ce que vont devenir leurs maisons quittées depuis presque un an. À Strasbourg, les revenants sont accueillis en grande pompe par les nouveaux maîtres. Banderoles, boissons gratis et discours de bienvenue dans le « Grand Reich ».

Vingt à trente mille Alsaciens ont choisi de demeurer en Dordogne, au moins jusqu'à la fin du conflit. Les Juifs n'avaient pas le choix. On trouvait normal de rester, précise Benjamin, nos parents nous avaient expliqué qu'on ne pouvait pas rentrer à cause des Allemands.

Une quinzaine de familles juives restent au village. C'est à ce moment qu'on commence à les identifier, par défaut. « Un mot est tombé sur nos têtes, le mot "juif", se souvient Guy Lagorce, le fils de la boulangère. On ne l'avait jamais entendu prononcer à la campagne, on ne savait pas ce que c'était. Nous avons demandé à nos mères, qui ne savaient pas non plus. Elles nous ont dit : "C'est des gens auxquels les Allemands en veulent." » Pas seulement les Allemands.

À Vichy, on avait abrogé le décret Marchandeau qui punissait la propagande antisémite. Le premier statut des Juifs les bannissait de la fonction publique, de l'armée, de l'enseignement, de la presse. On programmait l'internement des Juifs étrangers chassés du Reich ou d'ailleurs dans des camps à Gurs, Rivesaltes, Agde ou Nexon. Ceux de La Bachellerie mesuraient-ils la menace ? Les enfants, sûrement pas. On savait que c'était la guerre, mais on passait à côté des sujets graves, dit Benjamin, on s'estimait déjà heureux d'avoir un toit, une chambre où dormir. Chez Jochwet Borensztejn, vingt-deux ans en 1940, « on écoutait la radio, mais on n'avait pas le sentiment de ce qui se passait réellement. On vivait en dehors de tout ». Le journal de Jacques Schupack ne mentionne aucune menace, aucun danger, du moins jusqu'en 1942.

Certains circulaient, savaient, comme le docteur Joseph Weill établi à Terrasson. Investi dans la création d'un hôpital rural et d'un centre antituberculeux, il encourageait la rénovation des taudis et les cours d'apprentissage. Il soignait les Périgourdins et veillait sur ses coreligionnaires du canton. Plus tard il visiterait les camps de Gurs et de Rivesaltes, où il faciliterait permissions et libérations.

Ouvert près de Pau pour les républicains espagnols exilés du franquisme, le camp de Gurs retenait par ailleurs des « droits communs » et des « politiques » transférés des prisons parisiennes pendant la Débâcle. Parmi eux, Léon Moussinac, journaliste, théoricien du cinéma, militant communiste. Emprisonné à la Santé en avril 1940 pour atteinte à la sûreté de l'État, Moussinac avait rejoint Gurs en juin – peut-être y avait-il croisé Hannah Arendt, libérée au début de l'été. Moussinac ne végéterait pas longtemps dans les marécages de Gurs. En attente d'être jugé, le tribunal militaire de Périgueux l'avait assigné à résidence dans la ville. À l'automne, il logeait à l'hôtel Domino, sur la place Francheville. En novembre, Louis Aragon et Elsa Triolet étaient descendus voir leur ami en Dordogne. Et comme souvent, Aragon débordait du cadre, la tête ailleurs. « Rien n'est drôle comme de penser à Lautréamont, place Francheville, à Périgueux, le 27 novembre 1940, à six heures moins cinq... », minute le poète dans *Blanche ou l'oubli*. Ce 27 novembre 1940 tombait un mercredi. À quoi pensait Benjamin ce jour-là, à cette heure-là, à quarante kilomètres de là, à La Bachellerie ? Et les cinq enfants Schenkel ? À ce qu'ils feraient de leur jeudi sans école ? Aux lendemains qui chanteraient de retour à Strasbourg ?

« Alors, de quelle couleur c'est, Périgueux », à la fin novembre, se demande Aragon, qui sort ses gouaches lyriques. « Une ville de silence, sous une couverture d'écarlate blanc. Périgueux l'alpha et l'oméga de Périgueux, avec la cathédrale Saint-Front, les quais de l'Isle, les vieilles maisons… l'eau de l'Isle où verdoie le reflet sombre des maisons le long du quai, avec sa pente d'herbe jaune mêlée de pierres, la barge qui s'aplatit cul en l'air comme une lavandière sur son linge et, derrière elle, les demeures pauvres, leurs toits rapiécés rose-orange, les unes toutes basses, deux étages ici ou là, sous le chapeau de tuiles taupées, un cordon de bâtisses où saille l'ancien moulin, torchis et poutres croisées faisant balcon, sur l'oblique appui de grandes perches, sept je les ai comptées, pour l'empêcher de tomber avec son toit brun mousse, deux volets claquemurés. Et, par-dessus le tout, les coupoles et tourelles romanes, le clocher de la cathédrale. Tout cela sur le ciel et dans l'eau l'image tremblée, le gris en l'air, le beige en bas, un pléonasme tête-bêche. Un énorme gâteau d'asymétrie avec la crème des nuages. Un firmament d'étain, un vent jaune et déteint. Rien n'est plus objet de mémoire. » La même traîne de vent balayait les masures aux toits rapiécés de La Bachellerie à la fin novembre 1940. Les prés jaunis du chemin de La Lande, l'eau verte du Cern, les nuages de lait et la chape de fonte coiffant le château de Rastignac n'avaient rien à envier au tableau aragonien. À six heures moins cinq, les rues du bourg étaient plus noires, plus silencieuses qu'à Périgueux. Sombres et désertées, comme des zones de la mémoire de Benjamin, qui a « beaucoup occulté ».

Le séjour d'Aragon laissa à Léon Moussinac, finalement acquitté, le souvenir de « cinq jours inoubliables » consigné dans son journal, *Le Radeau de la méduse*. « Enfin, parler librement. Rien n'est mort. Ni la France, ni sa poésie, ni l'amitié. Nous vivons désormais le temps du sang et de l'espérance. » L'espoir fait vivre et mourir aussi. Un mois plus tard, en janvier 1941, Moussinac remarque un épais graffiti sur le socle de la statue de Montaigne. « Un "Français" nouveau modèle a écrit : "ici, juif". La colère me fait du bien. » Huit mois plus tôt, le préfet Jacquier vantait le savoir-vivre du « doux pays de Montaigne, si parfaitement humain et tolérant ».

En février 1941, monseigneur Louis, l'évêque de Périgueux, fustige les lois antisémites dans sa lettre de Carême et rappelle à ses ouailles la tradition d'hospitalité. En mars, dans une note confidentielle à l'attention de la direction générale de la sûreté nationale, Maurice Labarthe, le préfet qui a succédé à Jacquier, rapporte favorablement sur les responsables de l'Aide sociale israélite installée rue Thiers. Son président d'honneur, le grand rabbin de France, Isaïe Schwartz, son président, René Hirschler, grand rabbin de Strasbourg, son vice-président, Victor Marx, rabbin de Strasbourg, Laure Weil et Fanny Schwab, présidente et directrice de la section d'aide sociale, le trésorier Henri Fuldheim, sont « honorablement connus » et loyaux. Bien administrée, selon Labarthe, l'ASI s'efforce d'aider au maximum les Israélites, et le préfet ne souhaite pas sa dissolution. Dommage cependant qu'elle secoure parallèlement nombre « d'individus de toutes nationalités et de toutes moralités » alors qu'il convient de supprimer « les moyens d'existence de nombre d'oisifs, voire de suspects ».

Pour éloigner ces individus surnuméraires dans l'économie nationale, une solution, les Groupements de travailleurs étrangers, institués en septembre 1940, à la suite des Compagnies de travailleurs étrangers, principalement alimentées par les républicains espagnols en exil. Fin mai, début juin 1941, les premiers étrangers convoqués à Périgueux pour intégrer les GTE sont juifs. Ensuite, le recrutement s'élargit aux zones où il s'en trouve beaucoup, comme Bergerac ou Terrasson. En août, sur trois cent soixante-neuf étrangers incorporés dans les GTE, cent quatre-vingt-dix-neuf sont juifs. Parmi eux, Jean Krieger, le beau-frère que Jacques Schupack a retrouvé à Périgueux après l'armistice. Krieger est incorporé en juin 1941 au GTE de Mauzac, au sud du département. Le camp nord est affecté aux activistes communistes menaçant la défense nationale. Mauzac : « Camp de concentration établi par Vichy en Dordogne. Était aux camps de déportation nazis ce que Vichy était au Reich : une singerie sans envergure dont la cruauté elle-même était empreinte de paresse », Gilbert Renault (colonel Rémy dans la Résistance). Le camp sud où arrive Jean Krieger abrite une majorité d'Espagnols. De Mauzac, Krieger passe bientôt au 665e GTE de Soudeilles, en Corrèze. Ce GTE, comme celui de Mauriac dans le Cantal, est réservé aux Juifs. Des camps dits « homogènes » ou « groupes palestiniens », dont Vichy ne veut pas dans un Périgord déjà trop enjuivé à son goût, mais dont le successeur du préfet Labarthe se félicitera de la création « grâce surtout aux effectifs qui ont été fournis par le département de la Dordogne ». Krieger n'est semble-t-il pas resté longtemps à Soudeilles. Il serait revenu à La Bachellerie faire la moisson chez un paysan du coin. Avant de repartir au 665e GTE début 1942, puis dans un autre, sous Montauban. Ce qui l'a sans doute sauvé des futures rafles.

Parallèlement au développement des GTE, Vichy édicte en juin 1941 un nouveau statut des Juifs, encore plus infamant. On les oblige aussi à se faire recenser en zone non occupée. Les préfets relaient d'abord une instruction secrète à l'attention des maires ou de leurs secrétaires, chargés de dresser une liste de tous les Juifs et réputés tels pour permettre « un premier contrôle » avant le recensement. Cet été-là, un agent de renseignement en « visite » à La Bachellerie rapporte que « M. le sénateur Michel, maire, observe une attitude très réservée, mais qui ne paraît pas être d'adhésion totale à la rénovation nationale ».

Clos fin juillet, le recensement racial donne six mille soixante-cinq Juifs dont deux mille deux cent soixante-cinq étrangers en Dordogne. Celui du 15 septembre, concernant tous les habitants du département, donne six cents Juifs étrangers de plus. À La Bachellerie, on compte trente Juifs français et seize Juifs étrangers.

En septembre 1941, le commissaire général aux questions juives de Vichy alerte le préfet Labarthe sur certains « médecins juifs qui répandraient des propos gaullistes » en Dordogne. Il réclame une enquête urgente sur Pepo Faraggi de La Bachellerie. Cette dénonciation explique peut-être que Faraggi, à la suite du décret fixant à deux pour cent le quota de médecins juifs, n'ait pas obtenu de dérogation pour exercer officiellement. L'enquête ne traîne pas. Fin septembre, la gendarmerie de La Bachellerie transmet que Faraggi a été mobilisé pendant la « guerre de 39-40 » comme médecin auxiliaire et fait prisonnier. À son retour, il a adhéré à la Légion française des combattants « sans être sollicité d'aucune part ». « Bien considéré dans la région » et « peu causeur », il n'a jamais fait de politique. « Plusieurs personnes sûres et animées des meilleurs sentiments au point de vue national ont été interrogées sur les propos Gaullistes qu'il aurait pu tenir. Toutes sont unanimes à dire n'avoir jamais entendu ce docteur tenir des propos antinationaux de quelque sorte que ce soit. » Comme pour conférer au docteur une sorte d'immunité, le gendarme précise que « Faraggi est le gendre de M. Michel, sénateur, maire de La Bachellerie ». Maire en sursis. Réfractaire à Vichy, déclaré « démissionnaire d'office », Marcel Michel, fiché « dignitaire maçonnique », sera remplacé en novembre 1941 par Paul Bienaise qui deviendra président de la délégation spéciale, selon la terminologie d'époque.

Le gendarme enquêtant sur Faraggi accole une majuscule à *gaullistes*. Cette licence capitale aurait sûrement éveillé les soupçons d'un limier comme le colonel Blasselle. Commandant militaire du département de la Dordogne, Blasselle est l'un de ces officiers vaincus, rancis, réduits à mener une guerre de paperasses, avant tout contre les « Étrangers ». Fin 1941, ce pétainiste pur jus multiplie les rapports sur « l'activité des Israélites en Dordogne ». Prose symptomatique qu'on peut lire aux Archives départementales. Blasselle dissocie les Juifs « en Juifs étrangers et en Juifs français ; ces derniers se divisent eux-mêmes en Juifs ordinaires et en quelques rares Juifs ayant rendu des services exceptionnels au pays ». Mais globalement, un Juif est toujours un Juif. « Dans l'Orient, en Afrique du Nord, en Alsace, en Allemagne, en Pologne ou en Europe centrale », on le reconnaît « à son physique ou à son nom », alors que « le Français moyen » en est souvent « victime », faute de pouvoir le « déceler à temps ». En effet, les Juifs « évitent les contacts », cherchent « à se faire ignorer » et « se réunissent les uns chez les autres pour discuter des événements et se communiquer leur espoir. Le retour au régime d'autrefois qui leur était si profitable ». Ce que serine aussi le chef de la censure principale de Périgueux dans un rapport du 19 janvier 1942, la plupart « préfèrent vivre pour ainsi dire en famille, dans le grand rassemblement momentané d'Israël (…), ils appliquent au petit pied les méthodes du sionisme et se tiennent coude à coude dans une attitude de défense passive, en attendant le retour de jours plus fortunés et la revanche ardemment souhaitée ». En vue de « luttes qu'ils estiment inévitables, ils préparent leur jeunesse en lui rappelant les traditions de la race ; sous couvert d'exégèse du Talmud, de réunions sportives ou littéraires, cette tâche est poursuivie inlassablement et méthodiquement ». Le chef de la censure signale un patronage de l'ASI rassemblant dix enfants de sept à quatorze ans à La Bachellerie. Benjamin, qui a célébré sa bar-mitsvah au village, n'en a aucun souvenir. Mais on créditera le censeur sur ce point : il y avait beaucoup d'enfants juifs à La Bachellerie.

Dans ses synthèses nourries par les notes de gendarmes, la rumeur et les mouchards (dont pas mal d'« Alsaciens », à l'en croire), le colonel Blasselle se fait fort de révéler « l'organisation splendide d'infiltration juive » en Dordogne. Une « bande de Juifs », nommément cités, possiblement redoutables « entre des mains expertes à les employer », celles des communistes et francs-maçons occupés à « perdre définitivement la France ». La propagande juive est « essentiellement gaulliste, puis pro-anglaise, ensuite anti-Darlan, enfin anti-Pétain ». À Clairvivre, siège de l'Hôpital des réfugiés, « le timbre des lettres reçues ou envoyées par les Juifs est systématiquement collé de manière à ce que la tête du Maréchal ait la tête en bas ». À Sarlat, les Israélites paient « pour faire des V sur les murs ». Dans les notes que j'ai consultées, Blasselle ne cite pas La Bachellerie mais vise le docteur Weill à Terrasson, « un grand philanthrope qui semble toutefois réserver cette activité au profit des Israélites étrangers » dans les camps de Gurs et de Rivesaltes. Même si cette activité n'est pas « antinationale », le colonel propose de la faire suivre « de très près » par « une police aux questions juives ».

Blasselle ne ment pas quand il rapporte que les Juifs se réunissent pour écouter « la radio anglaise ». Le dimanche après-midi à La Bachellerie, Jacques Schupack joue aux cartes chez ses « amis parisiens », les Acsel et les Wachtel, et les soirs vers dix heures, il retrouve le docteur Acsel qui lui résume le dernier bulletin de Radio Londres. Ce qui n'aurait pas plu à Blasselle, qui déplore que les Juifs commentent les nouvelles « à leur manière », en exagérant les succès anglais ou russes et l'instabilité du gouvernement. La propagande court de bouche à oreille « dans les queues, dans les trains et autocars », jusque dans les campagnes « à l'occasion d'achats chez les paysans » (ailleurs, il écrit que « le Juif » est « trop rusé et trop prudent pour se compromettre » et que « la gendarmerie ne signale aucun fait flagrant de menée antinationale » hors des villes). Le colonel préconise de « bloquer » les Juifs étrangers, voire français, dans les chefs-lieux de cantons et de créer « une sorte de ghetto rural » en attendant leur départ du pays. Et voit dans les GTE comme dans la « création de nouveaux groupes de travailleurs "palestiniens" » une « solution nettement supérieure à celle, plutôt paresseuse, du "camp de concentration" ».

En novembre 1941, Vichy prévoit le groupement des étrangers et des Français « indésirables, Israélites notamment ». *Indésirables*. Au cas où la litote serait obscure, René Rivière, tout nouveau préfet de la Dordogne, éclaire la lanterne du commissaire de police. Ce sont les personnes soupçonnées de « tractations illicites » et/ou « dont les agissements, l'attitude, la nationalité et la confession constituent des facteurs de mécontentement et de malaise dans la population, risquant ainsi de troubler l'ordre public. C'est le cas des Israélites français et étrangers résidant dans la région de Périgueux ». Début 1942, Rivière déplore qu'on n'ait pas remis un récépissé aux recensés de 1941. Au cas où il lancerait des rafles, ce qu'il compte « faire assez souvent », un tel papier aurait facilité le contrôle.

Le recensement de 1941 signale trois médecins juifs à La Bachellerie, les trois « Parisiens » : Marcus Acsel,

Philippe et Léonte Wachtel. Pour le commissariat général aux questions juives, un quatrième a réussi à passer entre les mailles du filet. En janvier 1942, le directeur de l'aryanisation économique basé à Limoges écrit au préfet Rivière : le docteur Pepo Faraggi doit se faire recenser sous peine de poursuites. S'ensuit un ballet épistolaire. Informé en février par le préfet, le sous-préfet de Sarlat écrit à Paul Bienaise, président de la délégation spéciale de La Bachellerie, puis adresse au préfet la déclaration de Faraggi conforme à la loi de juin 1941. Le préfet en informe l'aryanisateur de Limoges, qui ne s'en satisfait pas, et demande d'obtenir de Faraggi des explications sur son retard. Il veut savoir s'il y a du nouveau sur son éventuelle « activité politique ». En avril, le préfet destine cette requête au sous-préfet, qui lui fait suivre bientôt la réponse de Pepo Faraggi, éloquemment adressée au maire de Saint-Rabier. Faraggi allègue qu'il ne se « considère » pas comme juif selon le statut des Juifs de juin 1941, « n'ayant qu'un grand-parent israélite : le père de mon père ». De fait, ajoute-t-il, sa déclaration n'implique pas qu'il se reconnaît comme juif au regard de la loi, et il n'y a pas retard, pour les mêmes raisons. Relancé par l'aryanisateur de Limoges fin avril, le préfet Rivière lui transmet copie de la lettre de Faraggi en confirmant ce qu'il lui a dit au téléphone le jour même, « aucune correspondance n'existe dans mes services au sujet de l'attitude et de l'activité de ce praticien ». Le préfet désirant des rafles d'indésirables semble réticent à renseigner l'aryanisateur sur le cas Faraggi.

Le nom des Juifs recensés à La Bachellerie est suivi d'un métier qu'ils ont pour la plupart perdu. Les docteurs Marcus Acsel et Philippe Wachtel sont interdits de médecine, ce qui n'exclut pas les consultations clandestines – au village, le premier passe pour un homme calme et serviable, le second est connu pour soigner gratuitement. Du côté des Polonais, Ève Liechtenstein est « couturière », Régine Gerst, « brodeuse » – les tantes de Benjamin ne doivent guère s'employer en dehors du cercle familial dans un village où les petites mains ne manquent pas, le mari de Régine, Maurice Gerst, « soldat à Brive », l'a déclarée « sans aucune ressource financière ». « Ambulant », Szulin Borensztejn « a très vite fait les marchés », d'après sa fille Jochwet, recensée comme employée de bureau, ainsi que sa sœur Golda – toutes deux sont mal tombées à La Bachellerie où les bureaux sont rares. Chez les Juifs français, Charles Netter, « chef de maison de confection, associé et gérant », cuit du pain à la boulangerie Lagorce sous l'œil narquois d'un mitron ravi d'en remontrer à un richard de Valenciennes. Ancien de la

Légion étrangère au Maroc, marié à une protestante, le « brocanteur » Jacques Richter est « allocataire ». « Négociant confection », Mendel Apelgot ne doit pas négocier des masses, étant aussi allocataire, mais fiché sous son métier d'origine à Périgueux, il a droit comme des milliers d'autres à sa fiche jaune JP, Juif Profession, qui va grossir le casier central à Vichy. L'« horloger » Naphtali Grun répare montres et pendules au village. On se souvient encore de ses lunettes cerclées, de ses mains délicates et noueuses.

Et le « brocanteur » Nathan Schenkel ? demandé-je à Madeleine, qui habitait non loin de Nathan et des siens dans le haut du bourg pendant la guerre. « Il portait des chemises blanches. Sa femme était grande. Une belle dame élégante, avec un sac à main. Ils semblaient riches. » Soixante-dix ans après, la chemise blanche de Nathan et le sac à main d'Esther impressionnaient toujours celle qui leur portait du lait dans sa jeunesse. Madeleine ne se souvenait pas avoir vu travailler Nathan Schenkel. Mais forcément il travaillait, il s'employait, d'une manière ou d'une autre, pendant ces quatre ans et demi passés à La Bachellerie. Pour chasser l'ennui, le désarroi et l'angoisse, éviter de trop penser à Strasbourg, se faire bien voir aussi des villageois. Ne rien faire à la campagne, c'est impensable et insultant quand les terres, les bêtes ou l'artisanat réclament tant de soins aux gens autour de vous. D'après la fille d'une couturière du village, « les Schenkel étaient des commerçants.

Ils venaient avec des tissus. Mme Schenkel confiait des travaux de couture à ma mère. Elle s'excusait de ne pouvoir la payer, elle n'avait pas de sous ». Les Schenkel semblaient riches mais ne l'étaient pas. Ils touchaient les allocations aux réfugiés. Un document me passe sous les yeux. En juillet 1942, on a supprimé les allocations versées à David, le frère aîné de Nathan, pour sa femme et ses deux enfants réfugiés comme lui à Périgueux ; la mesure s'assortit d'une obligation de remboursement des huit derniers mois perçus. Réfugiés à quarante kilomètres de distance, Nathan et David se voyaient probablement de temps en temps en famille. Peut-être brocantaient-ils ensemble. J'imagine que Nathan devait écrire à son autre frère, Moshe, réfugié à Chaptelat, au-dessus de Limoges, et à sa sœur, Anna, qui avait ouvert une boucherie casher avec son mari à Limoges même. Ainsi qu'à son autre sœur, Mirl, et à leur mère, Perel, réfugiées à Aixe-sur-Vienne.

Nathan Schenkel

À Strasbourg avant la guerre, le « représentant de commerce » Jacques Schupack vendait des cadres et des carillons Westminster au porte-à-porte. À La Bachellerie, il avait dû se reconvertir, les allocations ne suffisaient pas. Moïse Laroche, sabotier au village, l'avait pris en sympathie et embauché. C'est sans doute à cet homme, qui n'avait de juif que le prénom, que Jacques devait de connaître *mon* chemin aux mûres. À deux cents mètres de la maison de mes grands-parents, dans le bas du chemin de La Lande, le Cern glissait sous le ventre d'un moulin à moitié ruiné. Derrière la bâtisse, le ruisseau cascadait dans une sorte de petit bassin formant une mare. J'y jetais ma ligne en été, truites et gardons mordaient rarement, préférant folâtrer en eaux profondes vers les entrailles de ce moulin. Où j'ignorais que Moïse Laroche avait établi sa scierie quarante ans plus tôt. C'est là que le père de Benjamin débitait le bois de noyer qui servait aux semelles de galoches vendues dans l'échoppe du sabotier. Pour aller au moulin en venant du secteur de la salle des fêtes, le plus court était d'emprunter le chemin aux mûres qui débouchait sur celui de La Lande. À la jonction des deux voies, Jacques avait donc cent fois croisé du regard « la maison de La Bachellerie » avant que mes grands-parents l'achètent. Peut-être avait-il connu l'ancien propriétaire, peut-être était-il entré dans la maison, la salle à manger au premier, la cave au rez-de-chaussée. En revenant de la scierie de Laroche, il s'était sûrement rafraîchi à la fontaine du chemin aux mûres, une main sur la pompe et la tête sous l'eau. L'eau était précieuse et capricieuse. En été le niveau du Cern baissait, le courant faiblissait, entraînait moins la turbine du moulin. La lame se tordait, se cassait parfois dans l'entaille du noyer. Jacques devait courir chez le « mecaniser » en haut du bourg. Réparer ou changer des lames coûtait cher et Moïse engueulait Jacques, qui n'y était pour rien et l'envoyait paître. « Pour faire tourner la turbine, il faudrait que tout le village pisse dans la rivière ! » Au bout d'un moment, le patron et son ouvrier en avaient eu marre. Jacques resterait à l'atelier dans le bourg. À clouer les semelles des galoches, et merde s'il se tapait sur les doigts.

Le plus pénible, récolter du bois en été, charger les troncs sur un « camion ». Le bois servait aux galoches, au chauffage, à la cuisine. On le ramassait pour soi et pour le vendre aux autres. Le bois était essentiel. Avec l'accord du curé, Jacques partait en chercher avec une charrette sur les hauteurs sylvestres du bourg. Une corvée, une bonne affaire aussi, ce pin-là flambe comme une allumette. Un jour, à la chasse au bois, il tombe sur une femme qui l'accuse de vol. Il présente des excuses, il ignorait se trouver sur une parcelle privée, il pensait avoir la bénédiction du curé. Pour se faire pardonner, le curé le charge d'émonder les arbres de son jardin, ils font de l'ombre aux voisins dès le printemps. Des histoires de bois, Jacques en a des stères dans son journal. Un jour, le régisseur du château de Rastignac lui propose de faire « moitié-moitié » dans la vente du bois du domaine. Jacques choisit de s'associer avec une voisine, la mère d'un garçon de treize ans, une veuve, peut-être « la veuve du sacristain », à l'anonymat si romanesque. Ensemble ils débroussaillent au coupe-coupe. Paul, le frère cadet de Benjamin, participe à la filière bois. Du haut de ses six ans il traîne des arbrisseaux au bout d'une corde à travers les prairies jusqu'à la maison. Le soir, les bras griffés par les ronces, son père et la veuve roulent des brouettes bourrées de fagots. Le régisseur se frotte les mains mais revoit les conditions du marché. L'an prochain il réduira la part de Jacques à un tiers. Même en détournant une part des bûches, ça ne vaut pas le coup, Jacques laisse tomber l'affaire.

Le père de Benjamin est un drôle de coco. Dans son journal, détournant l'antienne pétainiste, il annonce son « Retour à la terre ! » Moïse Laroche lui a cédé un lopin hydraté par une source afin d'y cultiver des légumes. Un autre villageois lui a confié un bout de champ pour y planter des patates. Jacques trace ses plants au cordeau, s'échine à biner, ça n'avance pas, et pour semer, c'est tout un art de patience et d'espoir, il faut attendre le bon moment, planter les germes à la pleine lune, selon les conseils des paysans. Jacques ne se décourage pas, et la récolte venue, les paysans lunaires admirent les tubercules : « Hé, malheureux ! » En Dordogne, précise Jacques, « on dit malheureux pour heureux ! » Mais les gens sont ce qu'ils sont, et le propriétaire du champ s'empresse de reprendre son bien. Jacques se tourne alors vers les Wachtel (Bernard ou Philippe ?) qui jouissent de quelques arpents derrière le village. Il consent à faire moitié-moitié avec eux pour ne pas avoir à chercher une terre plus loin. Quand vient la récolte, Mme Wachtel (Dorothé ou Rachel ?) remplit tant son panier de patates qu'elle en perd en chemin. Mais les ramasse toujours. Au grand dam de Jacques, qui ne manque pas d'humour juif : « Voilà l'avarice, posséder des louis d'or et ramasser quelques pommes de terre. » On disait que les Wachtel, les « Parisiens », possédaient des « louis d'or ». Les fameux napoléons de vingt francs. Les docteurs Philippe Wachtel et Marcus Acsel n'étaient pas allocataires et disposaient d'économies. Bernard Wachtel, « sans profession », vivait à l'hôtel et de « petites économies réalisées » en Roumanie, d'après sa déclaration au sous-préfet de Sarlat. À en croire Joseph Schupack, l'aîné de Benjamin, les « Parisiens » changeaient de temps en temps un napoléon pour vivre. Ces louis d'or faisaient jaser dans le bourg, le bruit courait qu'ils les cachaient dans leurs ourlets.

Une autre histoire de pommes de terre récoltée aux Archives départementales, rapportée le 26 janvier 1942 par l'inénarrable chef de la censure principale de Périgueux, chansonnier raté, qui fait dans l'humour haineux. « "Gouverner c'est prévoir". Ministre, Monsieur Caziot le sait bien. Successeur de Sully en l'an de grâce 1942 et ayant, de surcroît, ferme en Berri, il sait doublement que manger, c'est aussi prévoir. Le blé confié à la terre en octobre ne donne la javelle qu'en août, plantée au printemps, la pomme de terre ne gonfle le sac qu'en automne. Pour n'être point pris de court, ses serviteurs ont distribué, cette semaine, des pommes de terre de semence en Périgord. Une maison de la place a ainsi réparti quarante-cinq tonnes. (…) Que de Lévy, que de Cohen parmi ses acheteurs ! Voilà qui allait faire taire une bonne fois, ceux qui prétendent que le Juif n'est qu'un parasite incapable de manier la *(mot illisible)* et la bêche. Certains grincheux, il est vrai, doutent fort de la sincérité de ce retour à la terre ; ils insinuent qu'Israël a bien pu manger son blé en herbe ; pour tout dire, ils craignent que les précieux tubercules n'aient accompagné une gibelotte ou n'aient fait le tour d'un chapon bien doré. Ont-ils tort ? Isaac et Abraham pourraient-ils représenter des plants qu'on ne peut enfouir que fin mars ? C'est affaire de police. Il faut bien reconnaître que venus d'Europe centrale ou d'ailleurs, ces "étrangers" goûtent fort les produits périgourdins. Un sieur Israël, au fait, est-ce bien son nom ? (…) est un gros mangeur ; pour sa table personnelle, en deux mois, il acheta pour 10 296 francs de poulets, dindons, canards, œufs, etc., en bref toute la ferme de Perrette au pot au lait y passa. Mais la maréchaussée veillait : surveillance, enquête, rapport. Est-ce la vue des gendarmes, est-ce la fatigue d'un foie trop sollicité, un beau matin notre Gargantua se réveilla avec la jaunisse. Un médecin de Périgueux fut commis pour l'examiner. La faculté ne s'opposa pas au départ du malade. À défaut de Vichy, un séjour à la campagne et pour préciser une cure à Saint-Paul-d'Eyjeaux lui sera salutaire. »

Saint-Paul-d'Eyjeaux, Haute-Vienne, réputé pour son camp d'internement réservé aux communistes, Juifs, francs-maçons, anarchistes et autres indésirables.

Au village, beaucoup de cultivateurs sont prisonniers ou retraités. Difficile de se procurer des vivres, même au marché noir. Peu de graisse ou de lait pour les enfants. Du pain noir et quelques grammes de viande avec les cartes d'alimentation. Jacques Schupack, qui se dit trop pauvre pour acheter une bicyclette, circule à pied. Il sympathise avec des paysans, pousse leur porte, se procure des œufs, et plus. À une femme dont le porc vient d'être débité par un charcutier, il propose d'acheter quelques morceaux de lard trônant sur le buffet. Elle ne veut pas d'argent. Dans la nuit, alors que ses fils dorment, Jacques coupe le lard en morceaux, le fait fondre, le verse dans des pots. Une belle surprise aux enfants qui le mangeront en tartines. Du lard chez les Schupack ? « En temps de guerre, on a le droit de manger de la graisse », se défend Jacques, le seul Juif de La Bachellerie à figurer sur la liste de 1941 avec l'étrange mention « sans religion ». On mangeait casher autant que possible, précise Benjamin. Nous avions de la vaisselle différente pour la viande et les laitages, et notre grand-père Rubin nous autorisait le porc. Mon père cultivait, on mangeait à notre faim, des fruits, des légumes de saison. Au moment des noix, on allait chez des paysans. L'un les cassait, les autres les dépiautaient, puis on les apportait dans un moulin où on les pressait. On avait droit à un litre d'huile, et on mangeait le tourteau dans les deux jours, avant qu'il ne rancisse.

Dans son témoignage, Joseph mange le morceau à propos du marché noir. Des gens toquaient à la porte des Schupack à vingt et une heures avec dix kilos de viande provenant de l'abattage clandestin de vaches, de veaux ou de moutons. On les cachait à la cave, avant de les vendre. Certains réfugiés s'étonnaient que les Schupack aient de la viande. C'est parce qu'ils étaient liants, intégrés au village. Ils n'étaient pas les seuls.

Jochwet Borensztejn : « On ne manquait de rien. » Les paysans étaient là avec tout ce qu'ils pouvaient offrir. Pendant son séjour à La Bachellerie, elle a « pris plus de dix kilos ».

De quoi faire frémir le colonel Blasselle toujours prompt à pointer le péril juif alimentaire, à stigmatiser une communauté accusée d'organiser le marché noir, la raréfaction des produits et la hausse de leur prix. « Certains prétendent qu'avec l'allocation, les secours qu'il reçoit et ses ressources personnelles, un Juif gagne plus qu'un ouvrier français qui travaille » et « tout le monde leur reproche leur paresse, leur égoïsme, leur platitude : "Ils ne pensent qu'à manger". » Riche et désœuvré, le Juif a le temps de faire la queue dans les magasins ou de circuler de ferme en ferme, « au besoin, s'il ne veut pas se montrer au fermier, employer un enfant qui reçoit la commission ». Circonstance aggravante, le Juif recourt au troc, un caleçon de cent cinquante francs laissé à cent vingt-cinq francs contre des douzaines d'œufs, de la bonneterie pour des produits de ravitaillement et même de l'engrais en échange de la viande de porc... À Périgueux, « on a vu des Juifs sortir tous les soirs vers vingt-trois heures avec leur bidon de lait ». Ils boivent aussi du vin, certains « ont fait constituer des réserves (commandes de 10 000 à 20 000 francs) ». Dans ces conditions, beaucoup « peuvent rester inconnus des autorités ».

En vérité, loin d'être une spécialité juive, le marché noir profitait aux paysans périgourdins soumis aux réquisitions de guerre. L'obtus colonel en dramatise les effets. Rapport des Renseignements généraux de Vichy de 1942 : « Comme dans les autres départements, on constate en Dordogne l'existence d'affaires de trafics délictueux dont l'importance et les conséquences ne sont pas de nature à léser les intérêts de la collectivité. »

Vers 1942, la famille Schupack a quitté la petite maison en face de la salle des fêtes pour emménager dans une autre, plus commode et plus décente. Elle appartenait à un menuisier, me dit Benjamin. Je lui donnais un coup de main les jeudis ; j'aimais l'odeur du bois. Cette maison, il l'avait refaite à neuf, volets, fenêtres, parquets, on avait même, je crois, l'eau sur l'évier, c'était exceptionnel. Elle se situait un peu plus haut que la première, dans la ruelle sur la gauche, en face d'un grand jardin. Il me montre une photo prise lors de l'inauguration de la stèle en 2008. C'est la deuxième, au milieu de la montée.

Cette maison, je l'avais remarquée lors de mon triste retour au village, elle tenait mieux le coup que sa voisine, l'ancienne maison de l'amie de ma grand-mère. Les deux femmes arboraient les mêmes robes gris-bleu, commandées à La Redoute ou aux Trois Suisses, assorties au mauve de leurs permanentes mousseuses et filamentées, qui donnaient à leur coiffure un aspect de barbe à papa à moitié dévorée, une barbe à papa à la violette. J'accompagnais ma grand-mère chez cette dame une ou deux fois par semaine, en fin d'après-midi, vers cinq heures. À chacune de nos visites dans sa cuisine de plain-pied, elle me gratifiait de quatre bises sur les joues puis sortait la bouteille de sirop de grenadine. Le breuvage servi avec des petits-beurre, vite soumis à l'embargo de ma grand-mère au prétexte qu'on dînait dans deux heures, agrémentait une heure de papotages des plus féminins. Les gentilles commères m'oubliaient sur ma chaise cannelée. Je fixais le papier tue-mouches pendu au plafond, comptais celles qui s'y collaient. J'attendais. Le butin Walt Disney. Le paquet de *Journal de Mickey* que la dame me mettrait dans les mains avant que nous ne repartions, ma grand-mère et moi. Une liasse d'illustrés tirée d'une collection des années cinquante ou soixante, des numéros jaunis mais comme neufs, à croire qu'elle les avait repassés au fer posé sur la planche à linge dans un coin de sa cuisine. Repassées aussi les fabuleuses « liquettes » dont elle habilla plus tard mon adolescence baba cool. D'amples chemises blanches ou bleu clair, en drap épais, double ou triple fil, siglées de mystérieuses initiales à l'endroit du cœur, de fabuleuses chemises dites « de grand-père » selon l'expression de l'époque, poignets mousquetaire et col surpiqué, plus seyantes que celles que l'on trouvait aux puces de Saint-Ouen pour vingt francs à la fin des années soixante-dix.

Je cite à Benjamin le nom de l'amie de ma grand-mère. Te dit-il quelque chose, l'as-tu connue ? Non.

LES INOUBLIABLES

À l'époque, c'est Monsieur Christoflour, un retraité, qui vivait dans cette maison, c'est lui qui m'a sauvé la vie le 30 mars 1944.

On les voit mal, en haut, juché sur les pierres, entre deux lascars, c'est peut-être René, le fils du docteur Acsel. Au premier plan, assise sur l'herbe, les mains glissées sous la jambe et le regard peut-être distrait par un papillon, Rosette Krieger. À côté du gamin au ballon qui se protège du soleil, c'est Paul, le cadet de Benjamin. Rang central, à la droite de Monique Wachtel, la grande aux lunettes, ce gamin bouclé en culotte courte et chemisette foncée, c'est Isidore Grun, l'ami de Benjamin. Un Benjamin aussi de la partie ce jour-là, en chemise blanche, à la gauche de Monique.

Isidore et moi, sourit Benjamin, nous venions de Strasbourg mais nous nous sommes connus à La Bachellerie. On avait à peu près le même âge, neuf ou dix ans en 1939, la même taille aussi. Bon, j'étais brun et lui châtain clair. Il portait souvent une cape et un béret noir. C'était mon seul copain, même si je jouais avec d'autres gosses à l'école. On hissait le drapeau, on vous faisait chanter *Maréchal nous voilà* à l'école ? Je ne me souviens plus. Je connaissais un peu le père d'Isidore, l'horloger, mais j'allais rarement chez eux. Ils habitaient pourtant près d'où nous logions. On vivait dehors, on marchait en galoches, on faisait du vélo, on avait des cachettes, on fabriquait des lance-pierres avec des branches de noisetiers, on suçait des fruits noirs et âpres qui ressemblaient à de petites prunes. Vous mangiez des mûres ? Bien sûr ! Celles du chemin qui descend sur La Lande ? On n'allait pas jusque-là, on traînait toujours dans les mêmes coins, les chemins bordés de haies vers Rastignac. Il y avait déjà une fête foraine sur la place le 15 août ? Ça ne me dit rien. Je me rappelle vaguement un bal, un soir, avec un accordéoniste. Je n'ai gardé que des petits bouts de Dordogne.

Comme Benjamin, j'avais mes jeux, mes circuits, mes complices favoris à La Bachellerie. La balançoire grinçante sous l'appentis de la maison et les gamines du maçon qui s'envolaient dessus, leurs prénoms composés commençaient tous par Marie. La pente du chemin de La Lande dévalée avec mon frère sur un vieux landau désossé. Le verger au bout du pré précocement razzié de ses pommes encore vertes qui se vengeaient en nous filant mal au ventre. Grillons et sauterelles capturés dans le champ voisin avec l'ami Claude, enfermés dans des boîtes de fromage blanc percées au canif pour l'aération, on les entendait se cogner comme des pois sauteurs au couvercle de plastique, on les relâchait dans l'heure. Jusqu'à douze ans, je m'éloignais rarement des parages de La Lande. Des pans entiers du village m'étaient inconnus.

Yves et Monique Netter sur une série de photos de juillet 1942. Le frère et la sœur ont alors neuf et cinq ans. Ils jouent à la brouette. Yves tient les chevilles d'un gamin, à côté de Monique qui foule l'herbe de ses mains. À l'arrière-plan, assis sous les arbres, on dirait leurs parents. Charles Netter, en lunettes et bretelles, qui sourit. Adrienne, qui paraît plus inquiète. Deux autres que me montre Serge Klarsfeld dans son bureau. Yves assis sur un muret sur fond de maisons aux tuiles plates. Monique dans un jardin de fleurs et d'herbes folles, le sourire orphelin de trois dents de lait, éclatante d'une santé reconquise à la campagne. Je repense à celle où ils se tiennent par les épaules.

Ces visages ne rappellent rien à Benjamin. À moi, beaucoup. Ces clichés de l'été 1942 sont si nets, si définis, qu'ils semblent avoir été pris hier, l'hier d'un homme né en 1962 qui aurait passé les étés de son enfance à La Bachellerie. Ou ailleurs. Car les gamins Netter m'en rappellent d'autres, échappés de mes cours de récréation, de mes terrains de foot du jeudi, de mes colonies de vacances. Nous étions vêtus pareil, nous avions la même mine, la même chemisette, le même sourire timide et franc. Ces deux enfants ressemblent aux enfants de mon enfance. Dans ma tête et dans mon dos, ils m'appellent. Je me retourne. Salut ! Je marche, cours vers eux. Yves et Monique

Netter me semblent proches au point de pouvoir les toucher dans le temps.

À quoi et avec qui jouaient Isaac, Cécile, Jacques, Maurice et Alfred Schenkel ? On ne les trouve pas sur ces photos d'insouciance. Madeleine, la jeune fille qui leur portait du lait, s'amusait avec Cécile, de peu sa cadette, mais seulement à l'école du village, elles ne se voyaient pas ailleurs. D'après Madeleine, l'aînée des Schenkel ne parlait pas de sa vie à Strasbourg avant la guerre, elle se considérait comme un enfant du coin, elle ne sentait pas la menace. Madeleine ne peut me renseigner sur les activités des garçons. Ils étaient quatre, ils devaient jouer entre eux. Et avec d'autres, qu'ils retrouvaient à l'école. Sur une photo de classe, on reconnaît Isaac dans son gilet à carreaux, au dernier rang, le quatrième en partant de la gauche. Le premier, au même rang, ressemble comme deux gouttes d'eau à Yves Netter.

La famille Schenkel était aimée, se rappelle Madeleine, leurs enfants étaient polis. Très important, la politesse. Pour ma grand-mère, c'était même la vertu cardinale. Rien ne lui faisait plus plaisir que de s'entendre dire « votre petit-fils est bien poli » par la boulangère.

Guy Lagorce, le fils de la boulangère, est né en 1937. À cinq ou six ans, il allait en classe à La Bachellerie avec Monique Netter ; inséparables, ils s'aimaient comme s'aiment les enfants. Bien plus tard, Lagorce deviendrait recordman d'Europe du relais 4 × 200 mètres, avant de passer au journalisme puis au roman. Au village, à la fin des années soixante-dix, on en parlait comme de l'enfant du pays qui avait réussi à Paris, on lisait son nom dans les journaux, on le voyait à la télévision. Ma grand-mère avait lâché *Femmes d'aujourd'hui* ou *Modes de Paris* pour lire *Ne pleure pas*, son premier roman.

Au début des années quatre-vingt, jeune chasseur de piges, j'avais appelé Lagorce au *Figaro*, sans mentionner ce village que nous partagions. Il m'avait aimablement reçu rue du Louvre dans son bureau de rédacteur en chef des pages « culture ». Pour compenser mes lacunes à l'oral, j'avais cru bon à un moment brandir mon as de cœur, l'atout de la connivence payse. « Vous savez, nous sommes un peu du même village… La Bachellerie… Mes grands-parents ont une maison là-bas. Ma grand-mère connaît bien votre mère, la boulangère… Moi-même, je l'apprécie beaucoup pour sa gentillesse. Et ses chocolatines, comme on dit là-bas… » Mon laïus tactique avait fait long feu. Lagorce avait à peine sourcillé, avant de botter en touche. J'avais dû toucher un nerf intime et lointain. Je me le reprochai dans l'ascenseur et ne rappelai pas mon interlocuteur.

J'ai revu Guy Lagorce trente ans plus tard, dans la vidéo d'un extrait d'*Apostrophes* datant de 1983, où il présentait son nouveau roman. *Le Train du soir* a notamment pour cadre un village du Sud-Ouest pendant la guerre et pour personnage une fillette juive évacuée de Lorraine et prénommée Monique. Ému, Lagorce confie que cette histoire le « tracassait depuis quarante ans ». En effet, Bernard Pivot rappelle qu'invité trois ans plus tôt pour un autre roman, *La Raison des fous*, Lagorce avait déjà parlé d'une petite Monique, qui n'avait rien à voir avec le sujet. Lagorce ajoute que l'histoire de la gamine du *Train du soir* n'est « malheureusement pas authentique ».

Dans *Le Train du soir*, cachée dans une grotte, Monique échappe à la rafle, on la retrouve médecin à New York. Mais les menées du chef de la Milice après le rapt de sa femme, l'irruption des Allemands à Rochecourbe en mars 1944, la rafle et les exécutions qui s'ensuivent sont d'évidence inspirés des événements survenus à La Bachellerie et d'un récit de René Delmas, *La Guerre allemande dans le Terrassonnais*, publié en 1945. Lagorce reprend certains noms de Juifs comme de villageois ; l'identité de l'héroïne, Monique Scheer, est un mélange de Monique Netter et de Sala Scheer, une fillette raflée à Saint-Rabier ; l'indicateur Schaeffer rime avec un certain Kemper. Même si l'héroïne du livre est aussi brune qu'était blonde son inspiratrice, le roman emprunte à la réalité.

Sur le plateau d'*Apostrophes*, Lagorce continuait : « Nous, on s'appelait Lacombe, Lafarge, Lagorce, des noms du Sud-Ouest. On a vu arriver des gens qui s'appelaient Schupack, Wiesel *(Elie Wiesel participait à l'émission)*... Cela a été une forme de stupéfaction, car pour nous, jusque-là, le monde s'arrêtait derrière nos collines. La guerre était quelque chose de vague, nos pères étaient partis, ils étaient tous prisonniers, on vivait dans un monde clos. Ces autres enfants à l'école nous ont fait comprendre qu'un autre monde existait derrière les collines. »

Pas de Wiesel recensé à La Bachellerie, mais des Schupack. Ce soir-là, Benjamin, fidèle d'*Apostrophes*, avait sursauté devant sa télévision. S'était empressé de lire *Le Train du soir*, d'appeler son auteur. Le traitement romanesque du drame bachelier le gênait. Mais Lagorce assumait pleinement sa position et son travail de romancier. Il me l'avait redit trente ans plus tard au téléphone, en m'apportant quelques précisions bien réelles. En 1944, sa mère lui avait caché l'exécution de son ouvrier Charles Netter, le père de Monique, et des fusillés de La Genèbre ; sans doute pour lui éviter des cauchemars, il avait sept ans. On lui avait parlé du sort des Netter et des autres plus tard, à l'âge où il fréquentait le collège. Puis la vie avait passé, il avait quitté le village, pris le large, couru les pistes des stades comme athlète et le monde comme reporter, écrit des articles et des livres. En 1980, après sa première évocation de Monique à *Apostrophes*, il avait appris plus précisément que son amie d'enfance avait été déportée sans retour dans le même convoi que Simone Veil.

Benjamin s'inquiétait parfois, discrètement, de la tournure de mon projet. Roman, pas roman ? Un récit, Benjamin. Je raconterai les faits. En me méfiant des charmes de la narration. Le destin des Juifs du village m'affectait sourdement. La médecine aurait parlé de *douleur transmise*, irradiant à distance de son foyer originel, ici d'un point du temps à un autre ; elle m'élançait régulièrement, étrangement. Devant les photos des déportés, je me souvenais d'amis perdus que je n'avais pas connus. Maître de conférences en psychologie et grande lectrice de Tobie Nathan, Nathalie Zajde, qui venait d'écrire un livre sur les enfants juifs cachés en France, m'avait averti en souriant, mais sans plaisanter : « Ces enfants t'ont *pris*. »

Des enfants dans un village d'enfance. Des *victimes*. Mot faible et dévoyé à une époque où tout un chacun pouvait revendiquer le « statut de victime ». La victimisation battait son plein, au risque d'une certaine relativité des peines et des douleurs. Pour moi, les victimes essentielles, les victimes absolues se caractérisaient par défaut, par l'impossibilité ou le refus de revendiquer un quelconque statut. Disparues, privées du langage, ou n'y recourant pas par pudeur ou certitude de son inadéquation aux faits, les victimes absolues ne pouvaient se *victimiser.*

Seule me guidait la lumière filtrant des photos des enfants, leur déchirante *joie de vivre*, qui ne se disait pas, mais qui se voyait, s'imposait. Cette lumière m'attirait, cette loi me convoquait. Dans le brouillard cotonneux des rivages de la cinquantaine, je me demandais parfois ce que j'avais fait de la joie de vivre, de cette joie que les enfants incarnaient, et qu'on leur avait arrachée de la pire façon, et de cette vie qu'ils n'avaient pas vécue.

Cette histoire qui avait tracassé Guy Lagorce pendant quarante ans me tracassait aussi depuis qu'elle m'était connue. En cherchant à l'écrire, j'obéissais à un certain esprit du lieu. Lagorce avait publié son premier roman chez Grasset en 1978, le mien avait paru en 1987 chez le même éditeur. Deux écrivains sortis de La Bachellerie à neuf ans d'intervalle, pour une commune de huit cents habitants, la statistique était rare. Ce village, ce décor avaient partie liée à l'écriture. Lagorce leur devait le plus profond du *Train du soir* : « Produits d'un imaginaire débridé et de dures tensions matérielles, d'un terroir et de conditions de vie singulières et pauvres, les enfants de ce pays étaient heureux mais d'une façon qui ne ressemblait en rien au bonheur ordinaire : c'était un bonheur d'êtres trop sensibles, un bonheur peuplé à la fois d'une espérance d'ailleurs et d'une angoisse sourde comme une nappe souterraine affleurant les journées les plus ordinaires, un bonheur qui n'avait pas de nom… »

Là-dessus étaient arrivés les Alsaciens, les enfants juifs. « Après les frotti-frotta du début, nous avons formé une bande complètement libre. On a très bien vécu ensemble », racontait Lagorce dans l'émission. Les moqueries, les croche-pieds marquaient aussi la surprise, une forme de considération. « Ces enfants de l'école nous ont fait comprendre qu'un autre monde existait derrière nos collines. »

En juillet 1942, deux mois après l'apparition de l'étoile jaune en zone occupée, Michel Durst, un Juif polonais de dix-sept ans, est arrêté du côté de Chauvigny, près de Poitiers, après avoir franchi la ligne de démarcation. Aux gendarmes, il déclare fuir les persécutions et rejoindre une tante à Périgueux. Le sous-préfet de Montmorillon demande au préfet de la Dordogne (René Rivière) d'accueillir Michel dans son département, le jeune homme dispose de certaines garanties, il a de la famille en zone libre (son frère Joseph a pu rejoindre leur tante à Périgueux) et sa carte d'identité est valide. Cet été-là, Mme Lauwick, châtelaine de Rastignac, s'engage à embaucher Michel pour une durée minimale de trois mois, nourri, logé, salarié au tarif officiel des apprentis agricoles.

Début d'été 1942, Sabine Vogelhut, bientôt quinze ans, la robe étoilée de jaune, sourit au soleil qui beurre Niort. Elle passe en troisième, elle retrouvera ses copines l'année prochaine. Elle se réjouit d'annoncer la nouvelle à son père, Bernard, à sa mère, Bella, à ses deux frères, Charles et Marcel, treize et douze ans, tous arrivés de Sedan en 1940. Mais chez elle, rue Chabaudy, l'atmosphère est lourde, on va arrêter les Juifs. Ailleurs on les tue, la BBC a annoncé le massacre de sept cent mille Juifs et l'usage de chambres à gaz en Pologne. En juillet, à Niort, en zone occupée, ils n'ont le droit de faire des courses qu'entre quinze et seize heures. À Paris, on les case dans le dernier wagon du métro en préparant bureaucratiquement la rafle du Vél' d'Hiv' et ses suites ferroviaires. Les Vogelhut ont contacté un passeur. Quelques jours plus tard, munis chacun d'une petite valise, ils approchent de la ligne de démarcation. D'autres gens sont là, en majorité des Juifs, avec le passeur, qu'il faut payer. Ils filent nuitamment par les bois. À l'aube, les Vogelhut se retrouvent dans la Vienne ou en Charente libres. Et pour finir ce périple plein sud, dans un « petit village loin de la route nationale », où Sabine a peut-être fêté ses quinze ans. Pas de classe de seconde à La Bachellerie, mais on n'est pas forcé d'y porter une étoile. Sabine la découdra, s'emploiera chez une couturière. Charles travaillera dans un garage, Marcel restera à la maison.

Dans son journal, sans dater la séquence, Jacques Schupack évoque « une famille de Bordeaux » qu'il accompagne à la mairie pour la « déclaration de séjour » – il confond peut-être Niort et Bordeaux –

et déplore qu'un « ami réfugié de Strasbourg » lui reproche d'aider ces nouveaux arrivants : « On est assez nombreux ici. » À ce dernier, dont il tait le nom parce qu'il a été fusillé, Jacques répond : « Si quelqu'un cherche refuge, il faut l'aider, c'est l'amour du prochain. »

Août 1942, vingt jours après la rafle du Vél' d'Hiv'. Lea Elefant, une Juive polonaise de trente-cinq ans, prend le train à Paris, change à Bordeaux, en direction de Périgueux. Aux abords de la ligne de démarcation, du côté de Montpon-Ménestérol, elle présente son livret de famille au contrôleur. Le document ne suffit pas mais elle n'est pas inquiétée. Son mari est interné dans un camp depuis mai 1941. Berthe, leur fille de quatre ans, est soignée au préventorium de San Salvadour dans le Var. C'est pour s'en rapprocher que Lea rejoint une cousine, Mme Scheer, évacuée à Saint-Rabier, au-dessus de La Bachellerie. Elle va bientôt retrouver Berthe.

Nouveaux noms sur une liste d'étrangers résidant à La Bachellerie en décembre 1942. Aron Herscu, né en 1911, roumain, marié avec une Française, dit-on, sans enfant. Diplômé médecin à Paris en 1937, Aron qui se fait aussi appeler Moïse aggrave l'épidémie de docteurs juifs d'origine roumaine au village. A-t-il bénéficié du réseau Acsel-Wachtel ? Interdit d'exercer, il travaille comme chimiste à la papeterie Progil à Condat. Bella Ginsberg, la mère polonaise de Sabine

Vogelhut, bizarrement dissociée de son mari et de ses enfants. Les frères Kahn, Richard et Éric, ouvriers agricoles, et Marianne Kahn, peut-être la femme d'Éric, tous trois sarrois. Au printemps, Richard avait frôlé l'incorporation dans un Groupe de travailleurs étrangers.

Vichy a promis au Reich d'arrêter dix mille Juifs « apatrides » en zone libre et Pierre Laval proposé que les moins de seize ans suivent leurs parents. Du 6 août au 22 octobre, dix mille adultes et cinq cents enfants seront déportés via Drancy. En Dordogne, la rafle débute le 26 août, elle vise les Juifs étrangers de moins de soixante ans entrés en France après 1936, avec quelques restrictions. Il faut trois cent vingt-neuf personnes. Les « ramassages » sont menés à l'aube par la police, la gendarmerie, les Groupes mobiles de réserve de l'armée (GMR). On leur a recommandé de la « fermeté », mais aussi de l'« humanité » et « la plus grande correction ». Deux cent quarante-deux personnes sont conduites à Saint-Pardoux-la-Rivière et au château du Roc au Change, les autres se sont enfuies ou cachées. Après « criblage », plus de deux cents partent au camp de Nexon. Environ cent soixante-dix rejoindront Drancy et Auschwitz.

La rafle ne semble pas toucher La Bachellerie. Jacques Schupack évoque pourtant ses « mauvais souvenirs de 1942 », ces « premières arrestations de Juifs étrangers », cette camionnette matinale devant la gendarmerie, cet « ami » dans la cour de la brigade qu'il voulait emmener déjeuner chez lui. Devant le refus du « chef gendarme », il lui avait apporté de quoi manger et des paroles de réconfort. On t'emmène travailler quelque part, tu seras bientôt libéré. Mais l'ami était totalement « abattu ».

À Périgueux, l'opinion et le clergé s'émeuvent des rafles de l'été. On les croyait impossibles en zone libre. On compatit à la douleur des malheureux, de leurs enfants, on s'indigne de l'inhumanité de Laval, on s'effraie des buts poursuivis par Hitler. La rumeur enfle : stérilisation des femmes juives, envoi des filles dans les bordels allemands, travaux forcés pour les hommes. Certains « Étrangers » ont quitté leur domicile, d'autres passent les nuits dehors.

En septembre, les RG de Vichy signalent que la loi sur la conscription obligatoire cause « une sorte de panique » chez les Juifs en Dordogne, craignant qu'elle ne « permette aux Allemands de s'assurer de la personne des Israélites restant encore en France ».

En octobre, le commissaire des RG de Périgueux note qu'on ne peut faire « aucune critique du point de vue national sur la colonie israélite qui se tient sur une grande réserve ». Craignant d'être envoyés en Allemagne, beaucoup « désapprouvent, même ouvertement, l'attitude de certains concitoyens quant à leur critique à l'égard du gouvernement », notamment le mouvement du 13 octobre dans les ateliers de la SNCF de la ville.

Le même mois, informé par une « source certaine », le préfet s'émeut de l'arrivée prochaine à Périgueux d'un diplomate américain venu prospecter les milieux israélites et alsaciens en vue d'un débarquement anglo-saxon « du côté de Bordeaux ». Le commissaire central répond que la plupart des Israélites n'ont jamais entendu parler du diplomate. Le soutien du clergé « les a rassurés un peu », comme les rumeurs d'une rupture diplomatique côté américain au cas où la France accentuerait la « politique anti-israélite ». Par ailleurs, « une participation israélite à un mouvement communo-gaulliste en cas de débarquement anglo-saxon sur la Côte d'Argent apparaît incertaine, car les Juifs ne sont pas, par essence, très combatifs et préfèrent laisser les autres se battre pendant qu'ils continuent leur trafic commercial traditionnel ». Cependant, la surveillance des milieux israélites « se poursuivra en la resserrant même si possible » afin de déjouer « toute tentative de désordre ».

Le 3 octobre, à Périgueux, la Résistance encore embryonnaire avait étrenné l'explosif contre le kiosque de la Légion française des combattants, place Bugeaud.

Ces effrois, ces bruits arrivaient-ils jusqu'à La Bachellerie ? Jacques Schupack n'en dit rien dans son journal.

Le matin du 11 novembre 1942, un mercredi, jour anniversaire de l'armistice de 1918, Joseph

Schupack voit passer des convois sur la nationale 89, dans les deux sens, vers Terrasson et Périgueux. C'est la première fois que Joseph voit des Allemands, mais il ne les voit pas, les Boches ne descendent pas des véhicules, filent tout droit. À neuf heures trente, ils sont entrés dans Périgueux. Le préfet Rivière appelle la population au calme, le commandant allemand l'a assuré de « la correction absolue de ses troupes ». Des agents de la Sipo-SD, la police de sûreté et les services de renseignement allemands, vont s'installer dans l'immeuble du Crédit lyonnais.

Réfugié à Terrasson, le galeriste parisien Jean Bernheim ne croit pas à la correction des Allemands. Il commande un taxi pour une course de nuit et ment au chauffeur sur le contenu de l'imposant chargement emballé de papier kraft. Les trente-trois toiles. Direction le château de Rastignac, un trajet de vingt minutes sur la ligne noire de la nationale 89 trouée par les phares jaunes du véhicule qui transporte un trésor et s'engage bientôt dans le tunnel d'arbres de l'allée menant au château. Bernheim a-t-il fait attendre le taxi pour revenir à Terrasson ou a-t-il dormi à Rastignac après avoir aidé sa femme et les châtelains à cacher les toiles dans le coffre d'un divan creux dans la galerie du premier étage et dans une malle au grenier ? Début 1943, il partira pour la Côte d'Azur où l'air est plus pur. Cela sent de moins en moins bon pour les Juifs en Dordogne.

Les inoubliables

Pas d'étoile jaune, mais la mention « Juif » obligatoire sur leur carte d'identité. En 1943, un employé de la mairie de La Bachellerie fournira à Jacques Schupack un autre document, vierge de toute mention.

Créée en janvier 1943 par Pierre Laval, confiée à Joseph Darnand, la Milice est dirigée en Dordogne par Georges Tomasi, secrétaire général de la chambre de commerce. Commandant d'infanterie capturé en 1940, libéré au titre d'ancien combattant, Tomasi s'est fait les dents au SOL, le Service d'ordre légionnaire, avant de se voir confier la funeste organisation. Il écume le département, racole dans des réunions de propagande. En mars, à Sarlat, « aucun commentaire passionné », lit-on dans un rapport ; à Bergerac, pas un jeune dans la salle. Ça prend mieux en mai à Thiviers où il tient réunion flanqué du maire de la ville, du sous-préfet de Nontron et du grand manitou de la propagande milicienne venu de Vichy, Francis Bout de l'An. Entre deux laïus sur le péril gaullo-communiste et les agents de l'étranger, on projette *Français, vous avez la mémoire courte,* un documentaire sur la lutte contre le bolchevisme. À la sortie, aucun incident, le service d'ordre est assuré par une trentaine de miliciens.

Dans le district de La Bachellerie, c'est Adolphe Denoix, l'ancien combattant, le dernier résistant de la ligne Maginot, qui dirige la Milice locale.

À Paris, des « coups de feu tirés par-derrière » sur deux officiers de la Luftwaffe se payent de la déportation de deux mille Juifs étrangers. En Dordogne, il faudra en trouver quatre-vingt-dix, des hommes célibataires ou mariés, selon le résultat de la rafle qui débute le 23 février 1943, sous l'administration d'un nouveau préfet, Jean Popineau.

Le lendemain, l'adjudant Pailler et les gendarmes Bordenave et Pontoizeau de la brigade de La Bachellerie se rendent à six heures à Rispe, un hameau du côté du Lardin, pour ramasser Henri Flint, Juif polonais, arrivé en juin 1940 de Belfort, qui vit là avec sa femme et leur fils. Les gendarmes trouvent porte close, ils frappent, pas de réponse. On attend le lever du jour. Pendant que Pontoizeau surveillera la maison, les autres iront trouver le maire pour quérir un serrurier. À huit heures quinze, le maire arrive avec un ouvrier. Les deux pièces et la cuisine au rez-de-chaussée sont vides, on n'a pas bu le pot de lait posé sur la cuisinière, aucun ustensile n'a servi au petit déjeuner. Personne dans la chambre du haut ni au grenier. Des cartes d'alimentation, divers papiers, une montre de femme, « en or probablement ». Les lits défaits étant « encore chauds », les volets et fenêtres, fermés de l'intérieur, et la cheminée, trop étroite pour y passer, les gendarmes en déduisent que la famille Flint est « partie précipitamment au cours de la nuit ». Prévenue. Peut-être par l'un de ces gendarmes, prévenu lui aussi la veille de la rafle.

Ce même matin de ramassage, Eugène Priouzeau, maréchal des logis de la gendarmerie de La Bachellerie, se rend avec son collègue Bouchy à Saint-Rabier, en vue d'arrêter Meyer (ou Mayer) Scheer. D'après sa femme, Scheer est parti au hameau du Grand-Coderc où il exploite un jardin. Les gendarmes ne trouvent pas « l'intéressé » dans la maison. Direction le Grand-Coderc, où l'on n'a pas vu Scheer. À treize heures, les gendarmes reviennent « inopinément » à son domicile. La porte est fermée à clef. Mme Scheer est sortie et son mari n'est pas rentré. Le lendemain matin, les gendarmes reviennent, trouvent encore porte close. « Nos recherches continuent. » Les miennes aussi. Le 3 mai, une note du cabinet du préfet Popineau signale que Scheer « marié, père d'une fillette, et engagé volontaire pendant la guerre dans l'armée française, a été compris à tort sur la liste des Israélites à rechercher » et qu'il y a « donc lieu de lui laisser reprendre ses occupations ». Par procès-verbal du 16 mai, Chaja Scheer prend connaissance de la décision du préfet et assure qu'elle en informera son mari dès qu'elle en aura « la possibilité » : « Il sera très heureux de reprendre ses activités dans la ferme qu'il exploitait à Saint-Rabier. »

Scheer s'est caché presque trois mois dans la nature. Complicités locales évidentes. Et probable soutien de la gendarmerie de La Bachellerie, qui a pu alerter Scheer du ramassage et la préfecture de l'erreur le concernant. À La Bachellerie, un autre Juif, Émile Morgenstern, avait filé dès la veille de la rafle, comme l'avait constaté le maréchal des logis Priouzeau, qui ne l'a peut-être pas beaucoup cherché.

Trop de Juifs ont été prévenus et se sont enfuis, écrivait en substance dès le 23 février le commissaire central de police de Périgueux au préfet. Dans sa circonscription, sur cinquante désignés, on n'en a trouvé que six chez eux. Il faut récupérer les appartements abandonnés, assigner à résidence à la campagne les familles dont un membre a disparu, privilégier les rafles en ville et dans les cafés qui permettront d'identifier et de conserver immédiatement de nombreux « oisifs israélites ». L'opinion s'émeut que des pères de familles françaises soient envoyés travailler en Allemagne alors que « les riches Israélites continuent à plastronner dans les cafés ou sur les boulevards ».

Michel Durst était-il prévenu ? N'y a-t-il pas cru, lui qui avait réussi à franchir la ligne sept mois plus tôt dans la Vienne ? À quoi rêvait ce garçon de dix-huit ans qui ne plastronnait pas sur les boulevards, qui travaillait la terre au château de Rastignac, quand les gendarmes sont venus le ramasser le 24 février ? Conduit au camp de Nexon le jour même, il rejoindra Gurs, d'où il partira, via Oloron, pour Drancy.

Déporté le 4 mars dans le convoi n° 50 pour Majdanek.

Avril 1943, on sonne chez le docteur Joseph Weill à Terrasson. Son épouse répond qu'il est absent. Les Allemands promettent de revenir. Weill s'est caché à Valence, où sa femme s'empresse de lui téléphoner selon un code secret. Elle le rejoindra le lendemain. De faux papiers changeront Joseph Weill en Jean Valois né à Tours. Des sonorités assez françaises pour passer en Suisse.

À Périgueux, des militants du Parti populaire français de Jacques Doriot collent des étoiles jaunes sur la devanture de certains magasins. En juin, rue Victor-Hugo, des garçons de treize à dix-huit ans adhèrent à la Milice en jurant sur l'honneur ne pas être juif et n'avoir aucune affinité avec cette race. Le même mois, August Meier prend la tête de l'antenne régionale de la Sipo-SD à Limoges. Ancien de l'Einsatzgruppe C, Meier a fait massacrer des milliers de Juifs et de communistes en Ukraine. À son arrivée en Haute-Vienne, on envoie le sous-lieutenant Michael Hambrecht diriger la succursale de Périgueux, le SD, communément appelé Gestapo. Décrit plus tard par les RG comme « gros, gras, court sur jambes, une face d'ivrogne avec son nez bourgeonnant et ses yeux enfoncés », le SS Hambrecht va vite s'illustrer. Le 10 août, la police allemande arrête quatorze Juifs, dénoncés comme trafiquants, réunis chez Alphonse

Netter à Périgueux – peut-être un parent des Netter de La Bachellerie. Certains jouaient aux cartes, tous seront déportés.

À La Bachellerie, on se réunissait aussi chez les Schupack. Toujours accueillants, ils tenaient porte et table ouvertes. La pièce attenante à la cuisine bruissait de conciliabules de plus en plus inquiets. Un jour, Nathan Schenkel a lâché qu'il avait entendu à la BBC qu'on gazait les Juifs hollandais, ceux qui partaient tous les mardis du camp de Westerbork, du « boulevard des Misères », pour Auschwitz ou Sobibor. Jacques l'a fait taire d'un coup de pied sous la table.

À battre la campagne, Jacques s'est lié avec une famille d'agriculteurs de Veyre, un hameau au-dessus d'Azerat. Pour se rendre à pied à Veyre, il faut prendre la route de Rastignac, traverser la 89, la suivre un moment en direction d'Azerat, obliquer dans un chemin bientôt coupé par la voie ferrée, puis continuer au nord, remonter à travers champs et bois sur trois kilomètres jusque chez les Karza, un nom plus afghan que périgourdin. Les Karza fournissent le père de Benjamin en œufs, fruits et légumes à un prix raisonnable. Comme ils ont une moissonneuse, ils l'ont même engagé pour les blés. On doit déclarer le nombre de sacs à la préfecture. Jacques n'aime pas la préfecture. Il minore le compte pour la paperasse destinée aux autorités tout en tenant le sien sur un

carnet. Non pour toucher plus, il est payé en nature.
Faire la moisson permet de manger à sa faim et de
boire à sa sueur. L'arrangement sur le dos de la préfecture ne coûte rien aux Karza mais les oblige.
Quand Jacques reviendra acheter du grain pour ses
poules, ils le lui vendront au prix de la taxe, un
prix d'ami.

Le 9 octobre 1943, des attentats à l'explosif visent pour la première fois l'occupant à Périgueux, les murs du SD dans l'immeuble du Crédit lyonnais et la Kommandantur au garage de l'hôtel du Commerce. Le mois suivant, un autre attentat contre la Feldgendarmerie fait cinq blessés. Dans les deux cas, des Juifs sont arrêtés et déportés en représailles. Début novembre, un communiqué de presse de la Milice annonce l'arrestation à Périgueux de trois hommes du groupe Mireille de l'Armée secrète : Marc Mojzesz Goldman, Juif, tchécoslovaque ; Alexandre Baum, Juif, né à Petrograd ; Jacques Jezekiel, Juif, né à Vilna. « Sont-ils français ? Non. Qu'ont-ils fait pour la France ? Rien et ils l'achèvent. » La Milice les présente comme les « principaux chefs du maquis de la Dordogne ». Mais les chefs du maquis périgourdin sont beaucoup plus nombreux.

Aux gaullistes de l'Armée secrète, aux giraudistes de l'Organisation de résistance de l'armée, aux Mouvements unis de la Résistance s'ajoutent les Francs-tireurs partisans français, les communistes qui s'activaient dans l'ombre depuis 1939. Depuis la loi de février 1943 sur le Service du travail obligatoire, beaucoup de garçons de vingt à vingt-deux ans ont rejoint le maquis pour échapper à l'envoi en Allemagne ou suivre leurs proches qui en sont menacés. Né près de Terrasson, communiste et fils de communiste, Roger Ranoux est parti avec son frère Guy se faire la main dans les groupes FTP qui mûrissent plus vite en Corrèze.

Le STO n'est pas le seul répulsif. « La simple vue de l'Allemand crée chez beaucoup un sentiment de résistance », précise Martial Faucon. Né fin 1924, Faucon est trop jeune pour le STO mais pas pour le maquis. Fin 1943, il s'apprête à rejoindre un groupe de l'AS dans les environs de Fossemagne.

Fin 1943 donc, les maquis se multiplient. AS, ORA, MUR, FTP… Une nébuleuse de sigles pour une galaxie de groupes… Bataillon Violette, Maquis Roger, Groupe Soleil… Les maquisards ont l'avantage du nombre et du terrain. La nature leur offre forêts, clairières, causses, combes, grottes où ils peuvent s'entraîner et se cacher. Ils s'appuient sur des complicités locales et des réseaux de « légaux » qui les nourrissent, les renseignent, les planquent, soignent les « coups de fourche », entendez les blessures par balles. Ils dorment d'un œil dans des greniers amis, des granges, des cabanes, sous des toiles de tentes ou de parachutes descendus du ciel avec des armes livrées par les Anglais à partir de 1944. Quand on ne leur donne pas des vivres, du tabac ou des voitures, ils prennent, plus ou moins poliment. Pour les

Allemands, la Milice, les Groupes mobiles de réserve, la France de Vichy, les imbéciles et les naïfs plus nombreux qu'on ne le croit, ce sont des « terroristes », des « hors-la-loi », des « bandes communistes ».

Au Lardin pratique un docteur du nom de Pierre Daunois. Arrivé de Lorraine en octobre 1940, frère du maire de Grange-d'Ans, situé à quinze kilomètres, celui qu'on surnomme « Toubib » a tissé un réseau de connaissances et de complices dans le secteur. Il excelle à faire réformer les jeunes gens du STO en leur inventant des handicaps ou des maladies. En octobre 1943, il a pris la tête d'un maquis de l'Armée secrète, le groupe Maurice-Dujarric. Un matin de novembre, le docteur Faraggi lui téléphone. Comme la ligne n'est pas sûre, ils se verront sur le quai de la gare de La Bachellerie. Ça va mal pour Faraggi, la préfecture l'a mis en demeure de ne plus exercer. Daunois, qui se fout des lois vichystes, incite son confrère à continuer et à le contacter quand ses patients auront besoin de feuilles de maladie ou de certificats médicaux. Quelques semaines plus tard, nouveau coup de fil et nouveau rendez-vous à la gare. Cette fois, c'est plus grave, Faraggi est convoqué à Périgueux. Daunois lui conseille de se cacher avec sa famille. Faraggi l'écoute-t-il complètement en cette saison où les corps souffrent, où les médecins manquent ?

« La situation sanitaire du pays est mauvaise et les difficultés s'accumulent », écrit cet hiver-là Paul

Bienaise, président de la délégation spéciale de La Bachellerie. Auprès des services du préfet Popineau, il plaide la cause du docteur Aron Herscu, interdit d'exercer. Périgueux répond que « Monsieur le médecin Herscu, Israélite étranger » n'a pas servi dans l'armée française et n'est donc pas autorisé à exercer par l'ordre des médecins. Il restera à l'usine de Condat.

En décembre 1943, Georges Tomasi, chef départemental de la Milice, s'est épanché lors d'un repas des rugbymen du Club athlétique périgourdin. Il présente sa démission à Joseph Darnand, dont il désapprouve la germanophilie aigüe. À peine nommé lieutenant dans la Waffen-SS, Darnand a incité ses hommes à s'engager dans l'escadron nazi. Tomasi veut bien collaborer mais non « subir ». Exit Tomasi. Place à Adolphe Denoix, de La Bachellerie.

Denoix hérite d'une Milice départementale qui dispose déjà d'une section armée et qui comptera jusqu'à un millier de volontaires. Sec comme une trique, petits yeux enfoncés dans la voûte du front, cheveux drus et neigeux, Denoix est un dur et il entend le faire savoir, y compris aux occupants à Périgueux. Lors de sa première visite à la police allemande, face à l'officier qui posait ostensiblement son revolver sur le bureau, le chef milicien a aussi sorti le sien et fait de même sans se démonter. Un revolver chargé. Pas comme ces armes qu'ils l'avaient autorisé à porter sur le chemin de l'oflag en 1940, après l'humiliante reddition sur la ligne Maginot.

Certains matins, roulant à vélo sur la nationale vers la papeterie de Condat où il avait été embauché comme chaudronnier, Joseph Schupack et ses collègues de Progil apercevaient des hommes en bleu foncé s'entraînant ou paradant dans la cour du domaine d'Estieux. Avisant la teigne Denoix, les camarades de Joseph ricanaient : « Ils disaient : "Celui-là on va le prendre, c'est un fasciste." Eux, c'étaient des communistes. » Des communistes, ouvriers le jour chez Progil. Agriculteurs à l'aube et le soir dans leurs champs de tabac. Maquisards ou complices du maquis la nuit.

Au moment où le milicien Denoix étrennait ses galons départementaux, Roger « Hercule » Ranoux rentrait de Corrèze avec des FTP du groupe Lucien-Sampaix. À Noël, il a réveillonné près de Terrasson avec des copains communistes et plusieurs membres de l'AS. Pour la nuit de la Saint-Sylvestre, lui et ses camarades ont prévu d'autres réjouissances, des pains de plastic dans la papeterie Progil à Condat qu'ils accusent de fournir l'occupant. Pompier dans le civil et FTP dans le maquis, un plastiqueur revient sur les lieux faire semblant d'éteindre l'incendie et profite du dîner offert aux valeureux combattants du feu dans un hôtel tout proche. 1944 s'ouvre par une explosion du côté de La Bachellerie.

En février, à l'entrée de la caserne de la gendarmerie de La Bachellerie, des tracts des FTP en appellent aux « forces policières françaises » : « Vous Français, GMR, gendarmes, gardes mobiles policiers, refusez de marcher contre vos frères, contre la France. » D'autres sont destinés à la population, dont la compréhension et le soutien sont essentiels. « Pour éviter les bombardements alliés qui font, souvent, dans nos populations, des victimes innocentes, les FTPF, avant-garde de l'armée de la libération, travaillent sans relâche à la destruction de l'appareil de guerre ennemi. » À Condat, « un bombardement aurait inévitablement coûté des vies d'ouvriers. Après un avertissement resté sans effet, les FTP détruisent l'usine sans aucune perte humaine ». À Périgueux, le groupe Sampaix a plastiqué un dépôt de réparation de locomotives servant « aux transports des troupes et matériels. Le réseau français le mieux organisé d'Europe fournit, par sa perfection, un atout précieux à Hitler, pour combattre les troupes alliées qui débarqueront ».

Les sabotages se justifient, se multiplient. Les maquisards se déplacent très vite, de cache en cache, pour éviter les accrochages avec l'occupant. Par une nuit neigeuse de février, alors qu'il revenait de Périgueux, Hercule est arrêté à bord d'une Renault par des GMR au carrefour de La Mule-Blanche. Il doit sortir une grenade pour s'échapper.

Au début de l'année 1944, se souvient Benjamin, on entendait souvent des explosions dans la vallée, du côté de la voie ferrée. Des explosions suivies d'un silence.

Des procès-verbaux de gendarmerie retrouvés aux Archives départementales en disent plus sur ces scènes d'attentats, et davantage encore si on les lit entre les lignes.

Le 10 février, jour de pluie, sept hommes armés de mitraillettes surgissent vers onze heures quinze chez la garde-barrière à Rispe, entre La Bachellerie et Le Lardin. Tous chaussés de bottes en caoutchouc, de vingt à vingt-cinq ans, l'un porte un uniforme des chantiers de jeunesse, un autre un feutre à large bord, six portent un collier de barbe. La voiture de couleur noire semble neuve, une petite voiture, peut-être une Simca 5. L'un des hommes demande à la garde-barrière si le train de onze heures quinze est passé. Non. Il réclame la feuille d'horaires. Et repart avec les autres vers le hameau de Laularie. Peu après la garde-barrière entend des détonations. Elle voit la locomotive du train pour Brive enveloppée de « vapeur, de fumée et de feu ». Le chauffeur ou le mécanicien lui demande de couvrir la voie. Plus tard, elle verra le train attaqué poussé par une locomotive vers Brive. La garde-barrière de Rispe signale une Simca noire presque neuve, tandis qu'à Laularie un deuxième témoin parle d'une voiture bleu foncé de marque Renault, modèle Monaquatre ou Vivaquatre. Un véhicule recouvert de buée, et même de boue, aux dires d'un autre. Passagers impossibles à identifier. L'attentat n'a fait aucun blessé.

Pas de blessés non plus le 14 février, où « un groupe d'individus (6 ou 7) » armés de pistolets, de mitraillettes et de grenades ordonnent au mécanicien de dételer la locomotive d'un train à la manœuvre. Ils ont entre vingt et vingt-cinq ans, sauf l'un d'entre eux, approchant la trentaine. Ils font avancer la locomotive en direction de Brive. Forte détonation.

Les hommes s'enfuient par la salle d'attente et s'engouffrent dans une voiture sans plaque minéralogique, noire, semble-t-il. De « taille moyenne », ils étaient vêtus de complets civils de différentes teintes et en mauvais état, chaussés de bottes en caoutchouc et de souliers bas, coiffés de casquettes et de bérets basques. M. Étourneau, chef de gare à La Bachellerie, ne connaît « aucun de ces individus ».

Le 17 février, à quatre heures du matin, le maréchal des logis Priouzeau et trois autres gendarmes casernés au village entendent « deux fortes détonations » du côté de la gare. *Elles ont probablement aussi réveillé Benjamin dont la maison est située à peu près à la même distance de la gare.* Les gendarmes se rendent sur place où le cantonnier de la SNCF les informe que la voie ferrée a été sabotée, comme les machines alimentant le château d'eau de la gare. *Ce château d'eau en forme de silo qui m'impressionnait en descendant de la micheline.* Lame d'aiguille et rail contre-aiguille sectionnés, des fragments d'acier jonchent le ballast. Un explosif a fait long feu. Portes, fenêtres et canalisations du local aux machines alimentant le château d'eau ont beaucoup souffert. La toiture du bâtiment est complètement soufflée. Deux charges placées sous un moteur électrique n'ont pas explosé. À cinq heures trente, toujours sur les lieux, les gendarmes sont informés d'un autre sabotage en gare du Lardin. Là encore, pas d'accident de personne. Vers huit heures, les gendarmes constatent que les fils téléphoniques reliant la gare de La Bachellerie à la poste du bourg ont été coupés au niveau du carrefour de La Mule-Blanche. Personne n'a rien vu. Le chef de canton de la voie ferrée a juste entendu le bruit de véhicules se dirigeant, lui semble-t-il, vers Brive et Périgueux. *Deux directions opposées.* Les gendarmes poursuivent leur enquête. La veille, vers vingt-deux heures, Jean Lafarge, mécanicien habitant près de la gare et de la nationale, a reçu la visite de deux « inconnus » à vélo disant avoir une voiture en panne du côté d'Azerat. Sous la menace de leurs armes, il leur a remis une batterie d'accumulateurs. *La contrainte dédouane le mécanicien d'une éventuelle accusation de complicité.* Vers minuit, ils sont revenus avec quatre hommes dans « une camionnette de marque Citroën, de onze chevaux, à cabine avancée, fourgon tôlé couleur bleu foncé, d'une puissance de 11 CV » dont Lafarge ne se rappelle pas le numéro d'immatriculation. *Oubli opportun.* Toujours sous leur menace, le mécanicien répare la dynamo jusqu'à trois heures trente. Les inconnus le paient d'un billet de cent francs et lui rendent la batterie empruntée quelques heures avant. Ils repartent vers Brive. Ces hommes ont entre vingt et vingt-cinq ans, portent des costumes civils ou militaires défraîchis, sont chaussés de brodequins, de bottes en caoutchouc ou d'espadrilles, coiffés de bérets basques, de bonnets de police, de chapeaux ou de casques en acier. Tous de taille moyenne. Lafarge a cherché « à lier conversation ». Les inconnus lui ont dit venir « de très loin », voyager « toutes les nuits », mencr une « drôle de vie », « sans dormir », mais « très bien ravitaillés en vivres ». *À bon entendeur salut, les maquisards veillent et agissent avec le soutien de la population qui les nourrit.* Lafarge n'a pu savoir leur destination ni le motif de leur déplacement. Bien sûr, il ne connaît « aucun de ces individus ». Peu après, une conduite intérieure, « traction avant genre familiale », est passée en direction d'Azerat, puis a fait demi-tour. Elle a stoppé près du château d'eau de la gare. Lafarge est alors rentré chez lui sans plus s'occuper de rien.

Le 20 février, deux autres sabotages de locomotive à La Bachellerie. Le premier près du Pont-Biais, vers dix heures, par des hommes âgés de vingt-cinq ans, « de tailles différentes », dont l'un portait « une veste jaunâtre ». Le second vers vingt heures quinze, au moment où le train de Brive entrait en gare. Pas d'accident de personne. Des témoins signalent six individus, âgés de vingt-deux ans environ, dont l'un au moins « portait un képi de garde forestier ».

Dans un village comme La Bachellerie, les gendarmes connaissent les témoins qu'ils sont amenés à interroger au cours de leurs enquêtes sur les attentats « terroristes ». Ils les croisent tous les jours dans les rues, sur la place, chez les commerçants, au café, au retour des champs. Ils peuvent aussi connaître ceux qu'ils sont chargés de rechercher ou se douter de leur identité. Même si le maquis ne cantonne pas à La Bachellerie et n'y fait que des incursions, nombre de résistants et de leurs complices sont loin d'être des inconnus dans le secteur. Au village, certains savaient la boulangère Lagorce liée depuis l'enfance à Roger Deschamps, un chef de l'AS de Thenon. Des villageois comme Henri Faucher ou Georges Perrot, le cordonnier, avaient également tout à craindre des miliciens dans le microcosme du Terrassonnais. On savait qui était qui. Roger Ranoux raconte que son communiste de père s'était opposé publiquement à Adolphe Denoix lors de réunions politiques dans le Terrassonnais, mais le chef milicien évitait de s'en prendre au père par crainte des représailles des fils résistants. On redoute les maquisards ou on est plus ou moins secrètement de leur côté. Rien d'étonnant à ce que la fumée des sabotages se dépose sur les rapports des gendarmes. Entre ce que les témoins ont vu et entendu, ce qu'ils taisent ou confient en *off* aux gendarmes et ce que ces derniers retiennent dans les procès-verbaux, il y a souvent un monde d'omissions ou d'altérations aboutissant à des déclarations vagues, inexploitables par les autorités d'occupation. Chargé d'enquêter en février sur les attentats ferroviaires, le maréchal des logis Priouzeau délivre début mars une autorisation de circuler en Corrèze au docteur Pierre Daunois qui a cessé de pratiquer au Lardin pour se consacrer à plein-temps à son groupe de l'AS. Motif tout trouvé : « Affaires de famille ».

Requis pour le ramassage des Juifs et la chasse aux maquisards, des gendarmes s'indignent de plus en plus de la sale besogne assignée par Vichy. Même dégoût, même révolte chez des policiers. À Périgueux, l'inspecteur Eugène Minker pond un rapport furibard après s'être fait engueuler et menacer des foudres de Vichy au téléphone par un homme se présentant comme Georges Breton, secrétaire général départemental de la Milice, pour n'avoir pas transmis la liste des « attentats terroristes » commis en février en Dordogne – Georges ou « Georget » Breton travaille main dans la main avec Denoix. Un nombre croissant de gendarmes et de policiers se montrent bienveillants à l'égard du maquis, constatent les chefs régionaux de la Résistance réunis secrètement à la mi-février à Limoges. Ils se félicitent aussi du soutien grandissant de la population à la Résistance, dont les effectifs grimpent en flèche – cinq mille sept cent quatorze résistants en Dordogne en janvier 1944, vingt-trois mille neuf cent cinquante-sept en juin, on peut discuter de ces chiffres, c'est leur envolée qui compte. Les conditions sont réunies pour amplifier les sabotages. Et durcir l'engagement physique contre les colonnes allemandes. En Dordogne, l'école des cadres de Fanlac s'exerce depuis des mois à la guérilla. Chez les FTP, on procède par groupes de huit hommes, trois groupes formant un détachement. Mode opératoire des embuscades : attaquer avec une grosse puissance de feu, loin des agglomérations pour protéger les civils des représailles, vite se replier afin d'éviter au maximum les pertes humaines. Le 14 février 1944, le groupe Gardette coince un convoi allemand près de Sainte-Marie-de-Chignac. Sérieux dégâts côté allemand, parmi les blessés, le chef du SD de Périgueux, Hambrecht.

Début 1944, les parents, le frère et la sœur de Jacques Schupack ont préféré quitter Grenoble. Depuis la révocation en août du préfet Raoul Didkowski, qui protégeait les Juifs et les menacés du STO, l'ambiance a pourri dans la ville. Les Allemands ont remplacé les Italiens qui ignoraient les directives antisémites par des ronds-de-cuir français. Les manifestations pro-juives entraînent rafles et déportations. En décembre, on a bloqué la place Vaucanson et conduit deux cents hommes à la caserne Bayard pour « criblage », beaucoup seront déportés. En simple visite à La Bachellerie, la famille de Jacques n'est pas tenue de déclarer son séjour. D'après lui, les Grenoblois sont hébergés par un mystérieux « adjudant de la mairie », peut-être ce secrétaire qui lui a fourni une carte d'identité goy.

Jacques a bien cru à un miracle dans une masure abandonnée par un vigneron du village. Les murs et le toit menaçant de s'écrouler dans la rue, le propriétaire lui avait proposé de démolir la ruine en échange de la récupération des matériaux. Jacques avait sauté sur l'occasion, surtout pour le bois. Le petit Paul qui aidait souvent son père avait obtenu son permis de déconstruire. En descellant un placard, les deux ouvriers avaient déclenché une pluie de pièces tombées d'un mur, ça ruisselait partout dans un excitant clapotis de jackpot. Agenouillés dans la ruine obscure, le père et le fils remplissaient leurs poches, ratissaient le sol de leurs mains, déplaçaient les gravats qu'ils balançaient dans le jardin d'à côté, sourds aux objurgations de la voisine dont les plants d'artichauts essuyaient une pluie d'ossements de la maison. La lumière du jour avait révélé des pièces croûtées de poussière, mais jaunes, si l'on grattait un peu, jaunes comme de l'or, un trésor. Jacques et Paul étaient revenus riches à la maison en promettant monts et merveilles à Ida. Passées sous l'eau du robinet, les pièces jaunes s'étaient changées en un alliage de bronze, des centimes de 1860, de la ferraille Napoléon III. « Ce trésor n'était qu'un rêve. » Jacques s'était remis à démolir la ruine, s'attaquant aux poutres, au bois si précieux, mais sacrément pourri d'après le voisin, le plancher menaçait de s'écrouler. Jacques allait encore tomber de haut, atterrissant au rez-de-chaussée avec un « petit trou dans la tête », soigné par un « médecin réfugié » – Acsel, Wachtel, Herscu ? Mais Jacques reviendrait à la ruine. Et son frère venu de Grenoble l'aiderait à descendre ces fichues poutres à l'aide d'une corde. Ensemble, ils casseraient les murs, mettraient les pierres en tas. Un trou dans la tête et les pierres en tas. « Ces travaux ne serviront à rien à cause des événements. »

« Les choses s'aggravaient », écrit laconiquement Sabine Vogelhut dans son témoignage à l'adresse des jeunes générations. Aux guets-apens maquisards répondent les représailles allemandes. Le 2 mars, à Sainte-Eulalie-d'Ans, dans le nord du département, plusieurs otages sont conduits au 35ᵉ régiment d'artillerie de Périgueux. Tous seront relâchés, sauf deux Juifs transférés à la prison de Limoges, celle qu'on surnomme « le champ de foire ». Le 4 mars, l'attaque d'un convoi allemand à Sainte-Marie-de-Chignac cause la mort de trois maquisards et on rafle six Juifs à Saint-Pierre-de-Chignac. Le 11 mars, une centaine de soldats et d'agents du SD fondent sur Excideuil et confinent des dizaines de personnes à la mairie ou au théâtre municipal. Le maire refuse de dénoncer les communistes, six ou sept Juifs sont arrêtés, dont Jacob Richter, le légionnaire et brocanteur de Strasbourg anciennement réfugié à La Bachellerie. Le 16 mars, les Allemands reviennent à Saint-Pierre-de-Chignac après l'exécution par la Résistance de Joseph Meyer, un agent de la Gestapo. Une douzaine de personnes, dont deux mères de famille juives, sont retenues quinze jours à la caserne de Périgueux avant d'être relâchées. Le 19 mars, lors d'une descente au château de Pratz à Montrem, dix membres du personnel présumés liés à la Résistance sont arrêtés, dont trois Juifs.

La plupart des Juifs arrêtés à Sainte-Eulalie-d'Ans, Saint-Pierre-de-Chignac, Excideuil et Montrem ne sortiront de leur prison de Limoges ou Périgueux que pour être exécutés par la division Brehmer à Sainte-Marie-de-Chignac, Brantôme ou Saint-Pierre-de-Chignac à la fin du mois.

Les massacreurs du SD de Périgueux qui préparaient le terrain à la division Brehmer ont été croqués à grands traits vengeurs par les Renseignements généraux de Périgueux après la libération de la Dordogne. Michael Hambrecht : « Riant tel un sadique lorsqu'il commandait une exécution, il était l'ennemi n° 1 de la population. (...) Il n'avait aucun respect des Français qui dénonçaient, et disait lui-même : "J'aime la trahison, mais je n'aime pas les traîtres." Toujours ivre, il s'adonnait à de monstrueuses ripailles. » Ses deux adjoints « ne lui cédaient en rien dans le domaine de la brutalité ». Ancien de la « Gestapo de Rouen », Joseph Kitz dirigeait les opérations contre le maquis. L'autre, Frantz Hullinger ou Willinger, « se faisait appeler Frentsel ou Jacob », blessé sur le front russe, « spécialisé dans la torture », il remplaçait « son chef lorsque celui-ci était trop ivre pour se déplacer ou lorsqu'il était absent ». S'y adjoint Willy Erspacher ou Guespacher, selon les sources, né dans le duché de Bade et se disant suisse, ancien pianiste à bord du *Normandie*, « interprète à la Gestapo, type parfait de l'ivrogne, tirant des coups de mitraillette et pistolet à tout bout de champ. Ivre dès le matin,

139

il avait toujours avec lui une serviette de cuir pleine d'armes ». Cet inventaire non exhaustif et aux orthographes approximatives comporte quelques traîtres français, dont deux natifs d'Alsace, un ancien restaurateur à Périgueux, exécuté fin juillet 1945, et un interprète, « vivant en concubinage avec une femme soumise », condamné en 1953 aux travaux forcés à perpétuité par le tribunal militaire de Bordeaux.

À ce folklore de l'atroce s'ajoute celui d'une section de la Légion nord-africaine entrée à Périgueux à la mi-mars 1944. Créée par le truand français Henri Lafont monté en grade à la Gestapo et le nationaliste cagoulard algérien Mohamed el-Maadi, équipée par le ferrailleur millionnaire roumain juif Joseph Joinovici, dirigée par le flic français ripou révoqué Pierre Bonny vendu à la rue Lauriston, la LNA agglomère trois cents nervis en partie recrutés dans les souks de la Goutte-d'Or. La formation envoyée en Dordogne est menée par l'*Untersturmführer* Alexandre Villaplane, ancien capitaine de l'équipe de France de football enrichi dans l'arnaque hippique et le racket d'or.

Une nuit du mois de mars 1944, Jacques Schupack a fait « un rêve pénible » dans sa petite maison de La Bachellerie. Il travaille la terre, longue et large, et au fond de la terre, bien loin, il y a des grottes. Soudain des soldats allemands s'avancent et braquent leurs mitraillettes sur lui. Il crie : « Je ne suis pas maquisard ! », court vers les grottes, mais les Allemands le poursuivent et tirent sur lui. Il tombe mort sans rien ressentir. Il doit s'agiter dans le lit car Ida le réveille de ce rêve de mort indolore et lui demande ce qu'il lui arrive. Jacques se tait. Au matin, il n'est pas délivré, il se réveille mort-vivant, le rêve semble insister. Alors qu'il vaque dans le bourg, une femme s'approche de lui : « Monsieur, méfiez-vous ! » Une femme qu'il n'a jamais vue. « Peut-être est-elle un ange ! »

Autre « alarme terrible et redoutable ». Quelques jours avant « la grande tragédie », il entend des pleurs et des cris provenant d'une maison voisine, celle de sa belle-sœur Suzanne, qui vit là avec ses filles Rosette et Colette. Il entre dans la maison et trouve sa femme et le clan de ses belles-sœurs en proie à un « effroi terrible, horrible, atroce ». Quelqu'un dans le village fait courir le bruit qu'on va arrêter les Juifs. Jacques s'efforce de les calmer.

Du côté des hommes, on est plus fataliste ou plus inconscient. Maurice Gerst, son beau-frère, s'en remet à Dieu. Pour Mendel Apelgot, « la guerre, c'est la guerre, qui attrape une balle attrape une balle ». Pour le « très pieux » Naphtali Grun, le pire qui puisse arriver, c'est qu'on les envoie travailler.

Le 16 mars 1944, en début d'après-midi, un milicien, chargé de protéger l'épouse d'Adophe Denoix à Estieux, et un métayer, arrivé au domaine des Denoix la veille, se rendent à la poste de La Bachellerie pour déclarer l'adresse de ce dernier. En chemin, une Citroën 11 CV traction avant s'arrête à leur hauteur. À l'intérieur, le maquisard Fernand Hamant dit « Zambo », vingt-deux ans, et trois autres FTP, qui leur demandent s'ils connaissent un type, dont le nom ne dit évidemment rien au nouvel arrivant. *Une ruse, un piège destinés à identifier un homme qu'on n'a jamais vu dans la région.* Après leur départ, le milicien affranchit le métayer, ce sont des types du maquis. Le métayer veut rebrousser chemin, l'autre le pousse à continuer. Vers quinze heures, ils entrent au bureau de poste, place de la Bascule, dans le haut du bourg, sans remarquer la Citroën garée à proximité. Un maquisard surgit dans la poste et réclame les papiers du métayer. On sort pour s'expliquer. Le métayer et le milicien sont fouillés, on confisque le revolver de ce dernier, et tout le monde repart en traction chez les Denoix. Arrivés à Estieux, le milicien et le métayer sont laissés dans la voiture sous la garde d'un maquisard. Les autres se dirigent vers la maison dans l'intention de s'emparer d'Adolphe Denoix. Ils n'y trouvent que sa femme, Rose-Marie, soixante-deux ans, et la jeune épouse du métayer, Denise, dix-huit ans. D'après sa femme, Denoix circule en zone nord depuis une semaine. Un maquisard va fouiller la chambre du milicien gardé dans la voiture. Un autre vérifie des papiers du métayer rangés dans une serviette. Il en tire aussi *La Terre française*, journal collabo, et *Le Mérinos*, feuille satirique du même poil. Il interroge la femme du métayer sur les motifs de leur arrivée à Estieux et lui demande s'ils reçoivent le journal *Combat*. Non, ils ne sont pas abonnés à *Combat*. Visiblement enceinte, Denise est apeurée, le maquisard la rassure : « Ne vous en faites pas, madame, ayez confiance. » Elle le décrit : un mètre soixante-dix environ, entre vingt et vingt-cinq ans, brun, yeux marron, moustaches assez longues, blouse d'épicier bleue, culottes de cheval et bottes de cuir, casque militaire. D'après Mme Denoix, l'un des maquisards fait dans les un mètre soixante, paraît vingt-deux ans, porte des culottes de cheval, une casquette d'aviateur ou d'officier de marine. Un autre arbore chandail marron et casque métallique. Un troisième, d'un mètre soixante-dix, est tête nue. Celui resté près de la voiture est brun, corpulent, pantalon et chandail bleu, foulard blanc et rouge (le rouge domine) ; il dit être le chef de la bande. Les maquisards s'emparent de grenades et d'un fusil de chasse. Ils tirent chacun une balle de revolver dans le poste de TSF. Ils repartent en insultant et menaçant Mme Denoix. Avant d'arriver au Lardin, le métayer prend un coup de poing et on lui bande les yeux. La voiture roule une demi-heure à vive allure. Étonnamment Zambo et les autres FTP amènent les prisonniers dans un camp de l'AS, le groupe Dujarric du docteur Pierre Daunois, du côté de La Cassagne. Libéré de son bandeau, le métayer rejoint une cabane dans un bois en bordure d'un chemin de traverse. Cinq ou six hommes d'une vingtaine d'années, armés de fusils-mitrailleurs et de mitraillettes, sont couchés sur des paillasses et des matelas à même la terre. La nourriture semble abondante, pommes de terre, viande, vin, pain, et du tabac. On interroge le métayer sur les raisons de sa présence chez Denoix. Comme il n'est ni milicien ni dangereux, on lui dit qu'il sera libéré.

Vers dix-neuf heures, Zambo retourne chez Denoix avec ses hommes. Ils y retrouvent les femmes du chef milicien et du métayer, seules. Après leur témoignage sur le double enlèvement dans l'après-midi, les gendarmes de La Bachellerie n'ont pas jugé utile d'assurer leur protection. Un maquisard trouve la femme du métayer dans les étables, lui annonce la libération prochaine de son mari, elle doit préparer leurs valises pour quitter Estieux au plus vite. Un autre lui tend un trousseau : « Voilà les clefs de la maison. Vous êtes la patronne. Nous emmenons madame Denoix pour des renseignements. »

Le soir, la femme du chef milicien rejoint le camp du groupe Dujarric et le métayer dans la cabane. D'après lui, sa patronne n'a pas été maltraitée. Le matin du 17 mars, vers neuf heures, il l'a vue partir pour une destination inconnue. Le soir, le métayer est reconduit les yeux bandés au passage à niveau du Lardin. Libéré, il passe la nuit dans une autre cabane aux alentours. Le métayer déclarera qu'on l'a traité correctement tout en l'allégeant de dix-sept mille francs, ses économies. Peut-être la somme qu'il comptait déposer à la poste avant son rapt. Il repartira avec sa femme en région parisienne.

Les souvenirs de Pierre Daunois, rédigés à partir de 1971, diffèrent un peu des témoignages du métayer et de sa femme recueillis par la gendarmerie de La Bachellerie. D'après lui, le couple de « jardiniers », le milicien et Rose-Marie Denoix auraient été livrés ensemble au camp Dujarric. Après avoir reçu l'ordre de se taire et de quitter définitivement la région, les premiers auraient vite été conduits au Lardin et mis dans un train pour Brive afin qu'ils rentrent à Meaux. Le maréchal des logis Priouzeau n'a pourtant pas inventé le procès-verbal de la femme du métayer établi l'après-midi du 16 mars et son mari a bien témoigné après avoir été enlevé. La mémoire de Daunois doit flancher sur ces points de détail tant il est vrai que « vouloir rapporter avec exactitude des faits et des événements aussi éloignés n'était pas aussi facile que cela peut paraître ».

Une certitude, Daunois était « très ennuyé » que Zambo ait livré les otages à un camp de l'AS. Ils

« n'étaient pas mes prisonniers et je n'avais aucun droit à leur sujet ». En accord avec le chef FTP Roger Ranoux, le cas du milicien sera vite réglé – « la solution extrême », dirait Hercule. Quant à Mme Denoix, Daunois apprendra par la suite que Zambo l'a remise au groupe FTP Baptiste, près de Sarlat. Comme Daunois, Hercule souhaite sa libération, mais plus tard, car maintenant son mari saurait où frapper. De toute façon, ça ne dépend plus d'eux.

À « publier par le tambour de ville », un avis préfectoral menace la population de « répercussions directes » si Mme Denoix n'est pas immédiatement libérée. Adolphe Denoix va plus vite que le tambour. Le 18 mars, il investit La Bachellerie avec ses miliciens et des GMR. Au château de Muguet, au-dessus de la gare, un domestique est interrogé, enfermé dans un clapier, relâché. On barre le carrefour de La Mule-Blanche. Les personnes sans carte d'identité valide sont fouillées, retenues un moment, même si elles sont connues. Denoix en profite pour faire déménager son repaire d'Estieux. Pendant le déménagement, la guerre continue.

Le 19 mars, Zambo se rend au château de Mellet près de Beauregard-de-Terrasson, pour une réquisition d'essence. Le ton monte avec le propriétaire, un certain Boishamon, qu'on dit lié à la Milice. Son fils fait feu. Daunois ne saura jamais pourquoi Zambo avait amené ces otages trois jours avant.

Dans l'après-midi, afin de faciliter son déménagement, Denoix bloque la circulation du côté d'Estieux.

Les gens grondent, d'autant qu'ils voient le chef milicien rentrer placidement ses vaches en fin de journée. Le rapt de sa femme ne semble guère l'émouvoir. Et les hommes qui devraient la chercher trimballent des meubles.

Le 20 mars, revenant à vélo de Terrasson, Henri Gatinel, un habitant de La Bachellerie, est contrôlé au barrage d'Estieux. On le laisse repartir quand Denoix bondit de chez lui en hurlant : « Arrêtez ce salopard, c'est lui qui a fait prendre ma femme, c'est un chef du maquis. » Délesté de son portefeuille, qui sera remis à son épouse, Gatinel est bouclé dans un poulailler. Dans la cour du domaine, il aperçoit le docteur Herscu, au sol, amoché, sanguinolent. C'est bientôt son tour. Interrogatoire, gifles, coups de ceinturon, retour au poulailler. Le même jour, afin de l'encourager dans sa médiation auprès du groupe Baptiste pour libérer Mme Denoix, Daunois propose à Ranoux de l'appuyer en hommes et en fusils pour attaquer le château de Mellet et venger Zambo, malgré sa promesse au major Southgate, l'as des services secrets britanniques, de ne pas fournir d'armes aux communistes.

Le 21 mars, avant l'aube, les hommes d'Hercule et un renfort de l'AS arrosent le château aux fusils-mitrailleurs. Ils décrochent contre les miliciens qui les prennent à revers.

Le 21 mars, à neuf heures quarante-cinq, un essaim de miliciens fond sur La Bachellerie sous les ordres de Georges Breton, adjoint de Denoix. Ils barrent l'entrée des rues, arrêtent les hommes sans papiers, les rassemblent sur la place pour vérification. Plusieurs ont pu s'enfuir. Accusé d'avoir trempé dans le rapt du milicien et du métayer, le cordonnier Perrot a fui par une lucarne de son grenier et glissé du toit chez un voisin. Breton se contente d'embarquer sa femme, qui demande à changer de manteau. « Inutile, celui que vous avez est assez bon pour une morte. » Faute de « terroristes », la Milice arrête aussi les Juifs. Des réfugiés, des inoffensifs sans lien avec le maquis. Jochwet Borensztejn : « Nous n'aurions pas osé sortir de la légalité. » Tiré de son fournil, Charles Netter est récupéré dans la rue par Marguerite Lagorce, qui sert aux miliciens un argument d'autorité : si son ouvrier quitte la boulangerie, la fournée sera foutue, et on la rendra responsable du gâchis d'un produit rationné.

Les miliciens avaient lâché Netter. Mais on avait arrêté l'horloger Naphtali Grun, le père d'Isidore, le garçon aux boucles blondes et à la cape noire ; Grun, qui parlait mal le français et le comprenait encore moins quand les miliciens l'aboyaient. On a aussi arrêté Bernard Wachtel et menacé de le fusiller si son fils ne revenait pas, car Léonte avait pu quitter le village. Comme Jacques Schupack, alerté par son fils Joseph. Joseph qui s'était fait cueillir en allant prévenir son oncle de Grenoble. Le frère aîné de Benjamin intéresse doublement la Milice ; juif, il connaît aussi les maquisards, des ouvriers de la papeterie de Condat, qui ont volé des voitures remisées dans un garage proche du foyer municipal.

Ce jour-là, raconte Benjamin, je revenais d'aller chercher du lait, je n'allais plus à l'école, j'avais eu le certificat d'études l'année précédente. En arrivant sur la place, je croise un milicien, qui me sourit. Je passe mon chemin. Il me rattrape : mon nom était inscrit en grosses lettres sur mon sac à dos. Il m'a fait monter dans un car où se trouvaient déjà mon frère Joseph et le frère de mon père qui se prénommait comme moi, Benjamin, celui qui venait de Grenoble. Alors un milicien a engueulé celui qui m'avait interpellé : « Je ne t'ai pas dit d'arrêter les enfants ! » Je suis redescendu du car. Non, je ne me souviens pas du visage des miliciens. J'ai couru chez moi. Personne. La maison était dévastée.

Jacques, sa femme, ses belles-sœurs, Suzanne, Régine, Ève, et le fils de cette dernière, Maurice, se sont cachés dans la « ruine » du vigneron, près de la maison des Schupack et de celle de Suzanne. Au retour de l'école, trouvant porte close, Rosette et Colette, les filles de Suzanne, appellent leur mère en pleurant. Cataracte de cris et de gémissements féminins dans la ruine. Pour les faire taire, Jacques les menace d'une bûche. Le silence revient. Bientôt rompu par un fracas de bois, des bris de vitres, les miliciens défoncent la porte de la maison.

Sorti de la ruine vers midi, Jacques a vu ce qu'avait déjà constaté Benjamin après l'épisode du car. Ils ont pillé notre pauvre réserve, note-t-il dans son journal, les grains pour les poules, l'huile de noix… Ils ont déchiré la couverture de velours du rouleau de la Torah et piétiné le livre. Une Torah prêtée par la communauté alsacienne de Terrasson, pour la prière, les fêtes de Roch Hachana et de Yom Kippour. Ils ont volé le velours de la Torah.

Devant le danger, Jacques décide d'aller se réfugier chez les Karza, d'y préparer un abri pour sa famille. Mais rejoindre Veyre le jour même est risqué, il faut traverser la 89 à découvert. Il compte passer la nuit chez la « veuve du sacristain » – peut-être son ancienne associée dans la filière bois de Rastignac. On ne sait comment Ida prend la chose. Son mari lui laisse mille francs, descend à la cave, ouvre une fenêtre, saute dans le jardinet de la voisine. Caché entre des plants d'artichauts, la tête exposée au soleil du premier jour de printemps, il se relève de temps à autre. Des véhicules de miliciens s'éloignent du village.

On emmène la dizaine de personnes arrêtées au bourg au château de Rastignac. Un détour pour se saisir d'Harold Fairweather, le gendre de la châtelaine. L'Anglais est hospitalisé à Clairvivre en accord avec le service des étrangers de la préfecture, comme l'explique son beau-frère, Jacques Lauwick, à Breton. Qui répond : « La préfecture, connais pas. Nous n'avons qu'un seul chef : Darnand ! » Faute de père, on prendra le fils, Cédric Fairweather. Et le poste de TSF, peut-être pour remplacer celui du chef criblé de balles le jour du rapt de sa femme. À Estieux tout le monde descend, les mains en l'air. Les prisonniers retrouvent Gatinel et Herscu en mauvais état, et une vingtaine de personnes arrêtées du côté de Terrasson. Joseph Schupack prend des claques, on veut lui faire cracher le nom des voleurs de voitures garées du côté de la salle des fêtes. C'est mal le connaître.

Peut-être fatigué par le raid nocturne à Mellet et les soucis causés par le rapt de son épouse, il semble qu'Adolphe Denoix ait délégué la rafle milicienne au village à Breton, se contentant d'un programme allégé, un maraudage au hameau du Chastel, au-dessus de sa propriété. Chez le garde-barrière, une bicyclette contre un mur avait attiré son attention. C'est celle du lieutenant-colonel Michel Ramain, utilisée par son fils en son absence. Démobilisé en novembre 1942 avec le 41e régiment d'infanterie de Brive, Ramain travaille dans l'Oise chez Saint-Gobain. Denoix s'empare du vélo et fait dire à la femme de Ramain qui réside au Chastel de venir le chercher chez lui. Quand Mme Ramain arrive à Estieux en début d'après-midi, le chef milicien l'accueille en lui donnant du « madame Raymond » et lui annonce qu'elle et son mari, « le commandant Raymond », figurent sur une liste de suspects. Mme Ramain s'en étonne tout en rectifiant l'identité et le grade écorchés de son époux. Mais Denoix persiste, le « commandant » serait gaulliste. D'ailleurs leur logement de Brive est surveillé par la police. Mme Ramain glisse finement que cet ancien domicile est plus que surveillé puisque repris par un commandant de gendarmerie. L'ironie échappe au sourcilleux Denoix, qui trouve les choses de plus en plus troubles. D'ailleurs le fils Raymond ou Ramain a tenu des propos dangereux. Là, Mme Ramain tombe des nues, son fils a onze ans. La plaisanterie a assez duré, elle veut repartir, avec le vélo. Pas question, Denoix veut le confier à la police et repart dans une troublante diatribe. « Cela va changer. Il est temps d'agir. Je me suis battu cette nuit. Nous nous sommes battus toute la nuit. » Il se rêve encore sur la ligne Maginot en juin 1940. « J'avais du sang plein les mains. Nous en avons trouvé deux, armés. Ils voulaient tout tuer. Il est temps que ça change. » Abasourdie, Mme Ramain lui demande le nom de son chef. Denoix rétorque qu'il n'a pas de chef, que c'est Limoges qui est au-dessus de lui. Elle insiste encore pour récupérer le vélo. Denoix refuse, s'entête. « Les gens d'ici vont se rendre compte de ce que c'est qu'un pays qu'on redresse. » Mme Ramain réplique que ce n'est pas en soupçonnant tout le monde qu'on redresse un pays. Denoix poursuit en roue libre. « Il faut de l'énergie et de la force. Les gens d'ici ne valent rien. Mais ils vont voir. » Écœurée, Mme Ramain repart sans le vélo. Elle racontera la scène à son mari, qui s'en plaindra au préfet régional de Limoges : « Notre loyalisme, notre rectitude, notre fidélité au gouvernement sont notoires, et d'ailleurs M. Denoix n'est nullement qualifié pour les estimer. »

Trois heures plus tard, ce 21 mars 1944, à trente kilomètres de là, sur un chemin de la commune de Marquay, près de Sarlat, on retrouvait le corps d'une femme d'une soixantaine d'années, et dans ses sous-vêtements deux petits cartons troués des lettres « R. DENOIX » pratiquées au moyen d'une épingle ou de la feuille pointue d'un châtaignier. Non loin, deux étuis de balles. Rose-Marie Denoix a été abattue au 7,65 par des maquisards du groupe Baptiste qui vengeaient la mort de Zambo. Mme Denoix a payé pour son mari. C'est injuste, c'est la guerre. Le chef milicien n'a pu être averti tout de suite, il n'était pas chez lui. Peut-être en train de livrer le vélo des Ramain à la police.

À cette heure-là, Jacques Schupack chemine prudemment vers la maison de la veuve du sacristain. Le petit arbre déraciné qu'il a jeté sur son épaule fera croire qu'il travaille en cas de mauvaise rencontre. La maison de la femme se trouve sur les hauteurs de La Bachellerie. Le Juif Jacques entame l'ascension vers la veuve du sacristain avec son bois sur l'épaule comme « Jésus est monté avec la croix sur le mont Golgotha ». À l'arrivée, « fatigué de peur », il laisse tomber l'arbre et se laisse choir sur un tronc. La veuve et sa fille craignent d'héberger un Israélite. Ce que Jacques peut comprendre.

C'est alors que Benjamin est apparu, il ne se le rappelle pas, mais il est bien monté chez la veuve pour porter du linge et des vêtements à son père qui s'était sauvé en habits de travail. À la nuit tombée, ils repartent tous deux à travers champs, trouvent un cabanon isolé, dont ils font sauter le cadenas. Une échelle conduit au grenier. Que faire sinon dormir ? Demain, on se lèvera tôt. Mais ça pète dans la vallée. Pris dans un échange de tirs entre soldats allemands et maquisards, un chauffeur de train va mourir de deux balles perdues tirées d'une mitraillette de l'occupant. Depuis des jours, La Bachellerie et les environs sont à feu et à sang. Jacques et Benjamin ont appris la peur, la peur de tout, même du frémissement des branches agitées par le vent qui siffle aussi dans le cabanon.

Cette nuit-là, Benjamin a dû penser à son frère aîné, à son oncle, aux visages anxieux et hébétés des passagers du car milicien entrevus le matin sur la place. Comme son père, il ignore qu'ils sont arrivés dans la nuit à Limoges. Interrogé par « un métis » ou

« un Noir » qui jouait avec un revolver, Joseph a répété ce qu'il a servi l'après-midi aux sbires de Denoix, ces types venus chercher des voitures, il les a déjà vus à l'usine, bien sûr, mais il ignore leurs noms. Mêmes réponses, mêmes claques, et la cave en attendant. Bernard Wachtel s'est fait casser deux dents.

Au matin, Jacques et Benjamin ont quitté le cabanon en direction de Veyre. Le fils en éclaireur, le colis de linge dans une main, un long bâton dans l'autre, pour signaler à son père si la voie est libre. Comme toujours, l'accueil a été très bon chez les Karza. On leur a donné une chambre avec deux lits. Mais Benjamin est reparti à La Bachellerie pour avoir des nouvelles.

À l'exception du docteur Herscu, on a relâché les otages bacheliers de Limoges le 24 mars. La division Brehmer approche de Périgueux. Les miliciens le savent et passent le relais. « On vous ramène à La Bachellerie parce que les Allemands vont venir et vous serez fusillés… » Joseph, son oncle de Grenoble, Naphtali Grun, Bernard Wachtel, la femme du cordonnier et les autres sont revenus dans un village assez désert pour que deux hommes viennent se faire remettre des tickets de pain à la mairie. Dans la nuit, un groupe de FTP qui venait de réquisitionner un camion dans un garage de Terrasson a perdu quatre hommes dans une fusillade avec un détachement de francs-gardes de la Milice sur la 89. Un cinquième serait mort si un médecin rapidement arrivé sur les lieux, le docteur Daux, n'avait menacé de se coucher sur le corps que Joannès Tomasi avait ordonné d'achever. Joannès Tomasi n'est pas Georges Tomasi, le prédécesseur de Denoix, il est pire. Surnommé « Barberousse » pour la couleur de sa barbe ou encore « Jésus » pour réciter l'évangile milicien, Joannès

Tomasi dirige les deux cents hommes du groupe spécial de sécurité à Vichy. Ponte de la torture, il officie au Petit Casino ou au Château des Brosses, où les détenus sont pendus à un rail comme un quartier de viande avant leur attendrissement à coups de nerf de bœuf. Pour son fait d'armes terrassonnais, Laval le cite à l'ordre de la Nation. La présence de Joannès Tomasi dans les parages et sa réunion d'avant la fusillade avec Adolphe Denoix en disent long sur l'état d'urgence décrété dans la région. Roger Ranoux parle d'une « psychose de crainte ».

Le soir, des miliciens sont revenus patrouiller à La Bachellerie, ombres furtives, frappant aux portes, poussant celles qui étaient ouvertes. On interrogeait, on fouillait, on volait. Certains sont passés chez Mme Ramain, en lui donnant toujours du « Raymond ». Moins fous que leur chef Denoix, ils ont convenu d'une erreur à propos de ce garçon de onze ans qui dormait en rêvant à son vélo. Ils cherchaient un certain Fourcher ou Faucher.

Le matin du 25 mars, l'église de La Bachellerie est bondée pour les obsèques de Rose-Marie Denoix. Son mari a rameuté miliciens et GMR, et fermement conseillé aux femmes du bourg de se déplacer en masse pour jouer les pleureuses. Breton, l'adjoint de Denoix, a profité de la cérémonie pour faire un peu de ménage. Revenu au bourg croyant le danger écarté, un villageois est insulté par des miliciennes en jupons, jeté dans un car, frappé jusqu'à la syncope, conduit à Périgueux pour d'autres sévices ; on le relâchera. Avant de quitter le bourg, Breton a réclamé à Paul Bienaise une liste de quatre personnes à arrêter en cas de nouvel attentat. Le président de la délégation spéciale a fermement refusé. Et l'endeuillé Denoix s'est encore emporté. « Vous allez recevoir la visite des Allemands et ils vous dresseront. »

Après l'enterrement de la femme du milicien, Jacques Schupack est revenu à La Bachellerie. En arrivant chez lui, il trouve les deux jeunes frères Vogelhut, Charles et Marcel, assis sur les marches d'escalier. Une partie de la famille Schenkel est là aussi. Tous sombres, tendus, apeurés. La maison Schupack est devenue le rendez-vous de l'angoisse. Pour Jacques, il faut se cacher. Mais comment sans moyens ni cartes de ravitaillement ? Qui veut héberger les familles juives ? La plupart n'ont pas bougé. Le docteur Acsel embrassait même la terre en priant de pouvoir rester à La Bachellerie jusqu'à la fin de la guerre. Accroché à son coteau rocheux, le village semblait protégé et protéger. Il était « retranché de la route nationale », dit Jochwet Borensztejn. En réalité, la nationale 89 bordait le village, c'est l'ourlet des terres en bas et la forte pente démarrant après La Mule-Blanche qui produisaient cette impression d'éloignement. Les Allemands n'y étaient jamais montés. Les Juifs de La Bachellerie avaient dû quitter leurs villes pour ce coin paumé, certes, mais où ils pensaient que la mort n'irait jamais les trouver. Dans leur cas, la mort venait de loin, rapide et sans se presser, aveugle et programmée.

Jacques veut repartir chez les Karza arranger le refuge où le rejoindront les siens après la fête de Pessa'h, la Pâque juive, qui débute le 31 mars. Souffrants, ses parents s'inquiètent. Joseph refuse de le suivre à Veyre ; il viendra quand même. Ida sous-estime le danger, préfère que son mari reste pour planter des pommes de terre, c'est la saison. « Les Parisiens ne plantent pas de patates et ils en mangent quand même ! », rétorque Jacques. À Veyre, il plantera tout ce qu'elle veut, Karza va lui céder de la terre. Exempté d'école à cause des oreillons, Paul, neuf ans, regarde tristement son père. Ils ne se reverront plus.

À Veyre, une voisine des Karza, « Madame veuve Richard », une nouvelle veuve, offre à Jacques d'occuper une « maison abandonnée ». Une large pièce, une cheminée, une marmite sur des chenets, des murs bourgeonnant de toiles d'araignées épaisses comme des « pelotes de laine ». On nettoiera, on ramassera aussi le bois qui traîne devant, Mme Richard est d'accord, et en attendant que la baraque soit habitable, on dormira dans la chambre à deux lits de la maison Karza. Tout va bien, tout est calme. Mais au milieu de la nuit, les chiens aboient férocement. Longtemps après, Jacques devait toujours entendre « Les chiens de Karza ! » qui titrent un passage de son journal. Pour l'instant Joseph et lui jaillissent des couvertures, foncent vers la porte du fond. Mais c'est l'« ange » Karza qui entre dans la pièce et les apaise : il y a là un certain « Scherrer », qui cherche aussi à se cacher. Ce « Scherrer », c'est sans doute Meyer Scheer, celui qui avait échappé à la rafle de février 1943 à Saint-Rabier, le mari de Chaja, le père de Sala. Le visiteur nocturne s'est mis en tête de creuser une cachette, une sorte de grotte. Jacques n'approuve pas le plan du bonhomme. Qui repart pour Saint-Rabier ou ailleurs.

Le 29 mars, Jacques et Joseph ont continué de nettoyer la bicoque de la veuve Richard. Ils ont battu un vieux matelas récupéré chez elle. Et reconnu les bois environnants.

Le 30 mars, Joseph s'est réveillé de bonne heure. Dans la cour, on entendait des bruits d'autos et de camions du côté d'Azerat. En montant dans les bois, Jacques a pensé une seconde que c'étaient peut-être les Américains, qu'ils avaient enfin débarqué.

Ce matin du 30 mars 1944, Benjamin Schupack se trouve peut-être déjà à la gare de La Bachellerie ou dans le train qui l'emmène à Périgueux. Son grand-père Rubin l'a chargé de rapporter ce qu'on ne vend pas à la boulangerie de Marguerite Lagorce, du pain azyme pour Pessa'h. Par la vitre de son wagon, il voit ce que son père ne peut qu'entendre dans les bois de Veyre, des colonnes motorisées ouvrant la nationale 89 en direction de Brive, la lettre « B » comme Brehmer peinte en blanc sur la peau grise ou verdâtre des véhicules. « Les Allemands. »

Cécile Schenkel, treize ans, et son petit frère Alfred, six ans, les ont vus aussi. Le même jour, ils se rendaient à Périgueux, pour les mêmes raisons que Benjamin, du pain azyme pour Pessa'h. Je n'ai pas le souvenir de les avoir vus à la gare le matin, me dit Benjamin, en tout cas ils n'ont pas voyagé avec moi à l'aller. Alors un autre train du matin ? Ou le même dans un autre wagon ? Mais toujours les Allemands. Aux dernières stations avant Périgueux, ajoute Benjamin, ils montaient en gare et vérifiaient les papiers des adultes.

Prélevée sur la 325ᵉ division de sécurité qui défend le secteur parisien, cette division « B » n'a d'autre nom ou d'initiale que ceux de son commandant, le général Walter Brehmer, responsable de la sécurité auprès du commandant du Gross Paris. Complétée notamment par des unités de la Wehrmacht basées à Périgueux et à Tulle, les Feldgendarmeries de Périgueux et de Bergerac, un bataillon d'infanterie géorgien, l'hétéroclite division allemande agrège six à huit mille hommes engagés dans la « pacification totale des régions infestées par des bandes » et « la destruction des organisations secrètes de résistance et la confiscation de leurs armes » selon l'ordre Sperrle de février 1944. La chasse aux « bandes terroristes » sera élargie aux réfractaires du STO et surtout aux Juifs. L'ordre Sperrle précise que « les mesures prises, même considérées plus tard comme excessives, ne pourront pas entraîner de sanction ». Ce qui simplifie la conduite des opérations : irruption dans les villages, interrogatoire des édiles, exécution des « terroristes » et des Juifs, rafles des femmes et des enfants juifs, supplémentés d'exactions diverses, pillages, incendies et même viols. Après les régions de Ribérac, Mussidan, Brantôme, Périgueux, la division Brehmer surgit à La Bachellerie, le même jour qu'à Azerat, Saint-Rabier, Condat et Terrasson, suivant l'axe quasi rectiligne de la nationale 89.

Un rapport de l'adjudant Estrade commandant la gendarmerie du village narre les choses ainsi : « Ce jour vers sept heures, chacun s'apprête à vaquer à ses occupations. Il fait un temps superbe, le soleil brille. Celui-ci encourage au travail dans lequel on va trouver un certain apaisement aux ennuis que causent tout particulièrement l'occupation ennemie, la situation des prisonniers, etc. Soudain, un roulement continu de véhicules automobiles et d'engins blindés se fait entendre sur la route 89. Ils viennent de Périgueux et semblent se diriger vers Brive. La population est anxieuse cependant ; elle s'interroge : vont-ils s'arrêter ici les Boches ? Il faut espérer que non. Que viendraient-ils faire dans ce petit bourg dont les occupants ne s'occupent que de leur travail. » Rapport décalé dans le ton parce que décalé dans le temps, rédigé sept mois après les faits, dans le style du grand *telling* épico-bucolique de la libération nationale. Quel temps faisait-il vraiment à La Bachellerie le jeudi 30 mars 1944 ? Beau comme avant l'enfer.

À neuf heures, le village est bouclé par trois à quatre cents hommes, un Allemand pour deux Bacheliers. Automitrailleuses fardées de fougères, chevaux de frise, soldats embusqués dans les fossés, derrière les arbres et les haies. Face à un tel déploiement, les miliciens passeraient presque pour des fantoches. D'ailleurs les Allemands opèrent seuls, entre eux – l'effroi et la peine persistants de Sabine Vogelhut brouillent ses souvenirs sur ce point. Ce jour-là, Adolphe Denoix en est réduit à des tâches de bureau.

Écrire au préfet Popineau pour redemander une enquête sur l'autorisation d'exercer du « docteur juif Herscu ». Un acharnement administratif dérisoire au vu de ce qui va se passer.

À neuf heures, on arrête Marcel Michel, l'ancien maire, chez lui, au moulin de Lescamp, dans le bas du village. Accusé d'héberger des maquisards, il s'en défend. On l'emmène à la mairie, où l'on a fait sortir son successeur, Paul Bienaise, en lui ordonnant de rester à la porte. On désigne un villageois, René Laugénie, prisonnier rapatrié, comme interprète auprès des Allemands. Ils ont des listes dactylographiées. Beaucoup de noms sur les listes, il faut un autre interprète. Ce sera Maurice Gerst, vingt-quatre ans, un oncle de Benjamin. Un étrange protocole permet à Michel de s'adresser au commandement allemand : « Comme ancien maire de la commune et sénateur du département, je me permets de vous dire que vous faites du bien mauvais travail... » Discours abrégé par l'arrivée du receveur-buraliste convoqué par les Allemands, qui demandent alors à Michel de sortir. Délesté de ses papiers et de six mille francs, on l'envoie sous le préau de l'école, attenante à la mairie.

Les Allemands rassemblent plusieurs personnes au garage des Lafarge sur la 89. Jean, celui qui avait réparé la dynamo des « inconnus » la nuit du 16 au 17 février, est accusé d'aider les « terroristes », comme son père, René. On aurait trouvé des caisses de munitions et des mitraillettes chez eux. Comme on dit être tombé sur deux revolvers, un drapeau rouge et un ouvrage communisant chez Guillaume Laroche, retraité de la SNCF, à Muguet. Les Lafarge, Laroche et sa femme sont embarqués vers la mairie. Maisons et garage incendiés.

La maison du cordonnier Perrot, en fuite avec sa femme, est saccagée, comme son atelier allégé d'un quintal de cuir. Celle d'Henri Faucher, listé comme chef de cellule communiste et caché à Brive, fouillée, incendiée aux cris de « Staline brûle ! Terroriste ! »

Terroriste. Le mot accuse le peuple comme les châtelains. Au château de Rastignac, un officier arrivé en Peugeot 402 vers neuf heures, le lieutenant SS Thalmann, a fait regrouper tout le monde dans la cour. Mme Lauwick, soixante-dix-sept ans, n'est pas autorisée à s'asseoir. À l'intérieur, on défonce portes et tiroirs, vole argent et bijoux. Ghislaine Fairweather, fille de la châtelaine, son frère Jacques et son fils Cédric sont emmenés à Azerat pour un interrogatoire musclé. Mme Lauwick et ses gens partent en file indienne vers La Bachellerie où ils seront recueillis par des gens du bourg. Le sac de Rastignac peut continuer. Peut-être ancien professeur d'escrime de Reinhard Heydrich, l'adjoint d'Himmler tué par des résistants tchèques en 1942, le lieutenant Thalmann a dû arrêter l'épée à cause d'un problème de vue. Membre de la Sipo-SD de Lyon, détaché auprès de la division B, le myope lorgne sans doute sur les tableaux de Jean Bernheim cachés dans le ventre du château.

Évitant le coin depuis sa convocation à Périgueux, le docteur Faraggi se trouvait chez lui ce jour-là. Entre le lit et la cloison, quand un soldat est entré dans la chambre. Par trois fois il leur échappera.

Le docteur Philippe Wachtel, sa femme et sa fille se sont cachés chez M. Reyjal, un futur maire de la commune. Le médecin rejoindra bientôt le maquis de l'AS à Thenon, où il retrouvera Martial Faucon.

Bernard, son frère, avait prudemment quitté l'hôtel derrière la place avec sa femme. Ils ont passé la nuit du 30 au 31 mars chez une villageoise, sous le même toit que des Allemands qu'elle avait hébergés afin de ne pas éveiller les soupçons. Au matin, ils s'enfermeront deux jours dans un corbillard garé dans une remise.

La famille de Jacques Schupack venue de Grenoble a profité de sa semi-clandestinité. Les Allemands ne traquaient que ceux figurant sur les listes, précise Benjamin. Le lendemain, les « Grenoblois » ont traversé le village, avec l'air d'aller faire des courses. Le chef de gare en service, M. Pasquet, les a enfermés dans une salle d'attente, dont il a retiré la poignée. Ils prendront un train pour Périgueux.

Rubin, le grand-père de Benjamin, arrêté dans la matinée, sans doute avec sa femme, Mina. Lui, il avait vraiment une tête de Juif, me dit Benjamin, il portait une kippa. Même circuit que les autres : mairie, préau.

Comme Laja Borensztejn et ses filles, Jochwet et Golda. Jochwet n'a rien pu emporter, « pas même une brosse à dents ». Sa montre qui traînait sur une table a glissé dans une poche allemande. Son père, Szulin, le marchand ambulant, n'était pas au village ce matin-là. Caché ou en déplacement à Terrasson.

Charles Netter a quitté la boulangerie et s'est rendu chez lui retrouver les siens. Mme Lagorce a vu les soldats emmener Adrienne, Yves et Monique sans pouvoir leur donner à boire. Elle a revu Charles dans l'après-midi, à la mairie.

Deux soldats pour la famille Acsel. Hesel, la femme du docteur, leur a demandé si elle pouvait emporter un bagage. C'est eux qui reviendront prendre des effets et une valise contenant de l'argenterie.

Sur le chemin de la mairie, les Acsel ont rejoint la famille Apelgot, arrêtée elle aussi. Une villageoise a vu Élisabeth, quinze ans, s'asseoir sur les marches devant sa porte. De santé aussi fragile que sa robe qu'elle ne voulait pas froisser, elle murmurait « Oh, que je suis fatiguée ! »

On s'est d'abord emparé de Bella Vogelhut et de ses fils, Charles et Marcel. On est revenu chercher Sabine. On a laissé Bernard, le père, alité, intransportable. De toute façon, on allait séparer les hommes des femmes et des enfants juifs. Et les enfants devaient se rendre sous le préau, avec les mères, en ce jeudi où il n'y avait pas école.

Si les soldats n'ont pas emprunté le chemin aux mûres, trop étroit et dangereux avec ses haies qui cachaient la vue, ils sont passés devant « la maison de La Bachellerie » pour aller cueillir Moïse Laroche à son moulin-scierie de La Lande. Le sabotier s'affole, ne sait de quoi on l'accuse. De ses nom et prénom à charge sur la liste. Pourtant il n'est ni juif, ni communiste, ni même apparenté à Guillaume Laroche, comme l'explique aux soldats le traducteur Laugénie qui s'emploie à épargner le maximum de vies, notamment celle de Philippe Wachtel, en racontant qu'il n'y avait qu'un seul docteur Wachtel au village, Léonte, parti depuis plus d'un mois.

D'après une habitante, un certain Kemper « plastronnait » à l'arrivée de la Brehmer. Un Alsacien ou un Lorrain qui passait pour renseigner les Boches.

On avait aussi arrêté le maréchal des logis Priouzeau et l'adjudant de gendarmerie Pailler, accusés de faveurs à l'égard du maquis, avant de les relâcher ; le premier très provisoirement.

Les Allemands voulaient incendier les maisons occupées par les Juifs. On les en a dissuadés, elles ne leur appartiennent pas. Alors les soldats ont pointé leurs mitraillettes sur une propriétaire dont les occupants étaient juifs, si juifs qu'ils s'étaient enfuis, et on les a encore calmés : Mme Raymondis est une parente du chef départemental de la Milice, Adolphe Denoix.

La Raymondis logeait la famille Schenkel dans une grande bâtisse à la sortie du village. En l'absence de Cécile et Alfred partis à Périgueux pour le pain azyme, Nathan, Esther, Isaac, Jacques et Maurice se sont sauvés par une fenêtre en glissant le long d'un fil de cuisine. Arrivé chez les Faugeron (les parents de Madeleine, la petite porteuse de lait), Nathan avait la main en sang, lacérée par la cordelette de fortune. Mme Faugeron l'a pansé et leur a servi une collation. M. Faugeron voulait les cacher dans une grotte, mais cette grotte ne disait rien aux Schenkel, les bois d'en haut, à ciel ouvert, semblaient plus sûrs. Et il leur fallait partir vite, la peur au ventre, sans attendre le retour de Cécile et d'Alfred prévu en fin de journée. Le couple Schenkel et ses trois fils sont sortis. Rejoints à un moment ou un autre par Naphtali Grun, sa femme et Isidore, qui avaient aussi réussi à s'enfuir du village. En s'enfonçant dans les bois au sud-ouest, le groupe a pu longer la côte de Madeleine, rejoindre la route des crêtes et plonger vers le hameau de Jailliex sur l'autre versant. Ils y sont arrivés en fin d'après-midi, racontant les incendies, les salves de fusils. La famille Deltreuil leur a donné à boire, du pain et des rillons. On leur a fait descendre un vallon, remonter un coteau, jusqu'à une cabane, une remise à outils et à bêtes. En leur recommandant de ne pas en bouger. On voulait les sauver.

En fin d'après-midi, les soldats ont descendu la rue que j'empruntais au retour de mes visites à l'amie de ma grand-mère, le palais tapissé de grenadine, mes *Journal de Mickey* en main. Deux soldats, ouvrant et fermant la marche de dix hommes, rangés par deux, et promis à la mort, car nul n'a tenté de se sauver. Dix hommes, c'est beaucoup dire. Charles et Marcel Vogelhut avaient quinze et quatorze ans. Avec René Lafarge, Jean Lafarge, Guillaume Laroche, Moïse Laroche, Marcus Acsel, Mendel Apelgot, Charles Netter, Rubin Gold, ils ont obliqué à gauche, vers La Genèbre, là où la pente commence à se faire sentir, un faux plat vicieux, où je pousserais sur les pédales de mon vélo trente ans plus tard. Il faut encore gravir ce pré. On les aurait forcés à courir, à sauter, peut-être pour qu'ils crèvent d'effroi et d'épuisement et s'éviter une horrible besogne, mais on a dû les aligner. Horrifié, M. Meekel a vu « ces hommes tombant en avant, sans un cri, comme au jeu de boules ». Sans un cri. Renonçant au dernier recours

Charles et Marcel Vogelhut

170

du langage, les petits hommes, Charles et Marcel, des victimes muettes, des victimes absolues.

Madeleine, la petite porteuse de lait, gardait des moutons non loin. Elle a entendu les coups de feu. Comme le minotier du moulin de Muguet, mais là, c'était plus bas, du côté de la voie ferrée, que Maurice Gerst, un oncle de Benjamin, était tombé dans un autre pré, victime des bourreaux dont il avait traduit le langage dans la journée.

Encore un pré. Ce pré où l'on a conduit Régine, l'épouse de Gerst, enceinte de six mois, et sa fille Liliane, deux ans, née à Brive. Un pré proche de la nationale 89, dans le bas du village. Un pré où sont aussi retenus les autres femmes et enfants Schupack, Gold, Krieger, Netter, Liechtenstein, Vogelhut, Apelgot, Borensztejn, Acsel. Un pré ou un jardin ? Jochwet Borensztejn dit qu'on les a « parqués » dans un jardin. Peut-être un pré en lisière d'un jardin. Ou un jardin donnant sur un pré. Ou un pré fleuri comme un jardin. Peut-être un pré ou un jardin par lesquels je coupais au plus court, pressé de rejoindre « la maison de La Bachellerie » après avoir sauté de la micheline des vacances. Cette maison dont je m'étonnais parfois de l'adresse sur le courrier reçu par mon grand-père : Le Cros. Pourquoi Le Cros, Pépé ? C'est le nom du coin où nous habitons dans le village, mon petit. Le Cros, je l'apprendrais quarante ans plus tard, c'était aussi le coin où l'on avait confiné les raflés dans l'après-midi.

Ils sont là, rejoints en fin d'après-midi par Marcel Michel et les trois otages de Rastignac, Ghislaine Fairweather, son frère Jacques Lauwick, et le fils de Ghislaine, Cédric.

À cette heure, on doit être en train d'arroser d'essence les salles du château de Rastignac. Ils ont dû trouver les trente-trois tableaux de Jean Bernheim, cachés dans un divan, dans une malle ou ailleurs. L'*Oberleutnant* Heinel l'a assuré à la femme du propriétaire du manoir du Jarry, en face de Rastignac, de l'autre côté de la 89. Et l'une de leurs filles, Éliane, l'a raconté plus de soixante ans après à Martial Faucon, qui a recueilli son témoignage dans *Brehmer à Azerat*. Heinel cantonnait au Jarry avec sa compagnie, cent vingt hommes. Un esthète berlinois, ce Heinel, bilingue, affable, musicologue et amateur de vieilles pierres. Pour lui, le vol des toiles ne justifie pas l'embrasement d'un château, même « anglais ». Le lendemain, des camions se garent dans la cour du Jarry. Au moment où un soldat écarte l'une des bâches, Éliane entrevoit le fameux manteau en léopard de Ghislaine Fairweather, dans un chargement contenant aussi des meubles, des glaces, des tapis, des statues, soigneusement rangés. Elle ne remarque rien qui ressemble à des toiles. D'après Heinel, les lots devaient partir en Silésie, aux bons soins du maréchal Göring.

Autre témoignage recueilli par Faucon : le 31 mars ou le 1er avril, à Azerat, Josette, la fille du patron d'un restaurant aménagé en Kommandantur par la division B, est appelée pour servir un café dans la salle de l'établissement. Service furtif et surveillé qui lui laisse le temps de voir des tableaux, posés sur des tables, « à première vue encadrés », mais sans pouvoir s'assurer qu'ils l'étaient tous.

C'est en camion, le 30 mars 1944, vers dix-huit heures trente, que la vingtaine de personnes parquées dans le bas du village est transférée au manège du 35e régiment d'artillerie de Périgueux, dans le quartier Daumesnil. En camion ou en train ? Jochwet parle d'un *vrai* train.

Entre Brive et Périgueux, la voie ferrée longe le tracé de la 89 en maints endroits. Benjamin a peut-être croisé des yeux le convoi des raflés dans le train qui le ramenait de Périgueux en cette fin de journée du 30 mars 1944. Il revenait de la ville avec les deux sacs de pain azyme pour Pessa'h. Ignorant ce qui s'était passé au village, mais alarmé, car la division Brehmer écumait la Dordogne, semant la terreur et la mort partout où elle passait, et de la même façon. Alors j'avais peur, raconte Benjamin, pour la première fois depuis notre arrivée en Dordogne, j'avais vraiment peur. À la maison, on parlait forcément des Allemands. Et ils étaient là, sur les routes, je voyais des maisons fumer à travers la vitre du wagon. Dans le train aussi. À chaque arrêt, ils montaient et réclamaient les papiers des adultes, ils cherchaient des résistants. Pas seulement des résistants. Je paniquais dans mon compartiment, au point de demander à des passagers, des inconnus, s'ils voulaient m'emmener avec eux, me prendre sous leur aile. Une femme m'a répondu : « N'aie pas peur, mon petit. Ils ne s'en prennent qu'aux Juifs et aux communistes. » Cécile et Alfred Schenkel étaient avec toi dans le wagon ? Dans mon souvenir, non. Si je les ai vus, c'est plus tard. Avant d'arriver à La Bachellerie, j'ai vu des flammes sur la droite, le château brûlait. Il faisait nuit ? Pas tout à fait, le jour baissait. À la gare, un Allemand a pris l'un de mes sacs de pain azyme et m'a aidé à traverser la voie. En effet, le train de Périgueux roulait sur la voie de gauche. Bon, j'avais peur. J'ai donné les deux sacs de pain azyme au chef de gare. Il ne t'a rien dit ? Je ne m'en souviens pas, je suis parti vers le village, la maison de mes parents. Le carrefour de La Mule-Blanche fourmillait de bagnoles allemandes, avec des soldats en fusils-mitrailleurs postés dans les fossés. J'ai remonté la rue principale, j'ai vu deux maisons qui brûlaient. Et les deux Schenkel, où étaient-ils à ce moment-là ? Je ne sais pas, c'est flou, je me souviens vaguement d'une jeune fille, peut-être Cécile, mais je ne recompose pas son visage, je la confonds peut-être avec Monique Wachtel. Impossible ce soir-là, Monique était cachée avec ses parents. Bon… Il y avait quelqu'un, peut-être plusieurs personnes. À hauteur du coderc, là où se trouve le monument aux morts, je me souviens avoir dit « Ne rentrez pas chez vous… » Et j'ai filé, j'avais hâte de rentrer à la maison.

Benjamin avait-il vraiment emprunté la rue principale ? Et prononcé ces mots « Ne rentrez pas chez vous » quand il ne pensait qu'à rentrer chez lui ? À Martial Faucon, il avait déclaré avoir « coupé court », évité la rue principale. Or le plus court chemin passait par la rue principale. Mais comme la peur parlait ce jour-là, ce raccourci qu'il aurait pris, ce raccourci qui n'en était pas un, pouvait au moins *raccourcir* le danger. En ce cas il n'y avait qu'un autre itinéraire, prendre à droite de la rue principale après le pont, couper par les jardins, remonter ou longer le pré derrière la maison de mes grands-parents, traverser le chemin de La Lande et la parcelle suivante pour se retrouver en face du coderc. Peut-être, peut-être pas. Benjamin avait occulté cet épisode. Il n'avait qu'une certitude : c'était avant la nuit, et il avait peur.

De retour de Périgueux, Alfred et Cécile Schenkel avaient voyagé dans le même wagon qu'une Bachelière, Yvette, alors nommée Lidon, qui s'est confiée à Martial Faucon. Elle aussi a vu Rastignac en feu et les Allemands à la gare. M. Pasquet, chef de gare ce soir-là, l'a pressée de rentrer chez elle. Mesurant mal le danger, elle est partie avec Alfred et Cécile Schenkel vers le village. Ils tremblaient. Elle ne mentionne pas la présence de Benjamin. Mais elle se souvient de la maison des Faucher en flammes. À hauteur du monument aux morts, un officier allemand lui demande où elle va avec les enfants. « On rentre chez nous. » Le trio est remonté vers la place.

C'est là qu'Yvette a quitté Alfred et Cécile, en leur disant d'aller vite retrouver leurs parents. Elle ignorait que ces derniers s'étaient enfuis, et ce souvenir lui fait encore « mal ». Ici, un autre témoignage recueilli par Martial Faucon prend le relais, celui de Gisèle, la sœur de Pierre Laugénie, un cheminot, revenant aussi de Périgueux ce jour-là. D'après Gisèle (neuf ans à l'époque), Pierre « a pris les enfants avec lui pour les amener chez nos parents, Marie et Louis Laugénie, à la Fontaine Bachelière », dans le haut du bourg. « Peu après il a été interpellé par un soldat qui l'a laissé poursuivre son chemin avec ses protégés quand il a vu son laissez-passer professionnel. Ma mère a donné à manger à Cécile et à son petit frère et les a installés dans ma chambre. » Alfred et Cécile ont pleuré et appelé leurs parents toute la nuit. Gisèle les entend encore.

Trouvant sa maison vide, Benjamin s'était rendu chez les Netter, qui habitaient tout près. Je grimpe au premier par l'escalier. Les meubles, les tables étaient renversés. Je redescends et je vais me réfugier dans la grange. Là j'ai attendu un bon moment, paniqué à l'idée qu'ils allaient revenir brûler toutes les maisons des Juifs. Rassemblant mon courage, j'ai traversé la rue, c'était le couvre-feu, et j'ai frappé à la porte de notre voisin, Monsieur Christoflour, un retraité de la SNCF, plutôt de gauche, que j'appelais « Tonton ». La maison qui fait l'angle ? Oui. Je suis entré. Deux soldats allemands discutaient à sa table devant un verre de vin. Imagine la surprise de Christoflour. Je lui dis : « Tonton, il commence à faire nuit. Est-ce que je peux rester dormir chez toi ? Je rentrerai à la maison demain. » Les deux Allemands n'avaient pas l'air féroce. L'un d'eux m'a bien menacé de m'amener chez un capitaine ou un lieutenant, mais l'autre lui a dit de me laisser tranquille. Ils ne se sont pas attardés et je n'ai pas cherché à savoir ce qu'ils faisaient là. C'est dans la maison qui deviendrait celle de l'amie de ma grand-mère que Benjamin avait appris de M. Christoflour l'exécution de son grand-père et de son oncle, et l'arrestation de sa mère, de son frère, de sa grand-mère et des autres.

Le lendemain, 31 mars, Szulin Borensztejn est revenu à La Bachellerie, pour trouver sa maison pillée, apprendre la rafle de sa famille et l'exécution de ses amis. D'après Jochwet, il s'est présenté à la gendarmerie avant sa capture par les Allemands. D'autres disent que, retenu en vain par des voisins, il s'est livré lui-même, une petite valise à la main. Fusillé au-dessus de la gare, du côté de Saint-Rabier, au lieu-dit Les Champagnes.

Le matin du 31 mars, vers dix heures, prévenue par on ne sait qui, la Raymondis est venue chez Marie Laugénie, l'a menacée de dénoncer son fils René comme résistant et de s'en prendre aussi à sa fille Gisèle, les représailles contre la famille Laugénie seraient terribles si Marie ne lui remettait pas Cécile et Alfred Schenkel. Confrontée à l'ignoble chantage, la mort dans l'âme, Marie a vu partir les enfants.

D'après Martial Faucon, qui a recueilli le témoignage de Gisèle soixante-cinq ans après les faits, la Raymondis « a été arrêtée et emprisonnée quelque temps à Périgueux après la Libération ».

Séparée, en fuite, la famille Schenkel s'est vue réunie par le malheur dans la même unité de temps. Pendant que la Raymondis livrait Cécile et Alfred à La Bachellerie, Nathan, Esther, Jacques, Maurice et Isaac étaient arrêtés à Jailliex, avec les Grun. Sortis tôt de la cabane, remontant vers le hameau sans se méfier, ils s'étaient jetés dans la gueule du loup allemand. Quand le plus gros du danger était passé.

Ce vendredi 31 mars, jour de sa fête sur le calendrier chrétien, Benjamin s'en souvient très bien. Au matin, je suis parti de chez M. Christoflour avec une bouteille de lait vide, comme si j'allais en chercher. J'ai pris droit à travers les prés, afin qu'on me voie bien. Personne ne m'a rien demandé. Au bout de la route menant à Rastignac, j'ai traversé la nationale et remonté un chemin coupé d'un passage à niveau. Là, j'ai entendu « Halte ! ». Des Allemands dans le fossé. J'ai brandi ma bouteille vide, je n'étais pas grand, je ne faisais pas mes quatorze ans, j'ai eu de la chance, ils m'ont laissé passer. J'ai continué, sans me presser. Sitôt hors de leur vue, j'ai couru plus vite qu'Emil Zatopek jusqu'au hameau où se cachaient mon père et mon frère. Une course de trois kilomètres et l'annonce à bout de souffle qu'Ida, Paul et les autres ont été arrêtés, qu'on a tué Rubin et Maurice.

Les corps des fusillés de La Genèbre ont passé la nuit dans le pré. Noyant leur peine et trouvant du courage dans une rasade d'eau-de-vie, des Bacheliers requis par les Allemands les enterreront sur place dans la journée. Charles et Marcel Vogelhut avaient la bouche pleine d'herbe.

Le 31 mars, Jacques, Joseph et Benjamin Schupack se sont donc retrouvés à Veyre. Nous avons passé trois jours et trois nuits cachés dans la forêt, poursuit Benjamin, ça tirait un peu partout, ils cherchaient des maquisards. Jacques précise qu'ils ont gravité quatre jours dans la zone des Karza. Quatre jours où il a cru devenir fou, confiné dans les bois, sursautant au moindre tressaillement de la forêt. Rien de moins silencieux qu'une forêt. Le vent, les animaux, les maquisards y habitaient. Un jour, Jacques en a aperçu deux se faufilant entre les troncs. Il s'est retenu d'aller leur demander des armes, pour se battre « avec courage ». Car « si on se défend, on n'a plus peur de la mort ».

Ça tirait un peu partout, la division B traquait les maquisards et, quand elle n'en trouvait pas, elle trouvait des Juifs, en prenant les enfants. À Saint-Rabier, Lea Elefant avait été abattue dans le dos alors qu'elle s'enfuyait, jetée dans une grange en feu. Lea, arrivée de Paris en 1942 pour se rapprocher de sa fille Berthe, alors soignée dans le Var. « Betty » allait à l'école avec Sala, la fille de Meyer et de Chaja Scheer. C'est là qu'on les avait arrêtées, toutes les deux, à la sortie des cours, et conduites sans leurs parents à la caserne de Périgueux.

Sala Scheer

Arrêtés à La Bachellerie, Cécile et Alfred Schenkel avaient rejoint à Périgueux leur mère et leurs frères capturés à Jailliex. On imagine que leur seule joie fut d'être réunis, de pouvoir se parler, se prendre dans les bras, dans ce manège du 35ᵉ régiment d'artillerie où les prisonniers couchaient à même le sol, dans la sciure, sans paille, ni couverture, ni papier pour se rendre à la feuillée, ouverte à la vue de tous. Parmi les internés, le sénateur Michel réconfortait, intervenait en faveur des uns et des autres. Les jours passant, les femmes pourront utiliser des cabinets, le Secours national livrera nourriture et couvertures. Mais l'on séparera bientôt les femmes et les enfants juifs des autres détenus. Hesel Acsel, l'épouse du docteur fusillé au village, fera passer un mot à une Bachelière afin de lui demander du linge pour elle et son fils René. Mot arrivé trop tard.

À La Bachellerie, les Allemands avaient monté une grande tente sur la place. Distribuant des rations de viande et de chocolat aux villageois qui cachaient leur dégoût. Donnant des vêtements à repriser à une couturière. Buvant le vin et l'eau-de-vie volés. L'alcool durcissait les interrogatoires. Accusé de complicité terroriste, les insignes arrachés, le maréchal des logis Priouzeau allait rejoindre Marcel Michel et les autres détenus à Périgueux, comme Paul Bienaise, le président de la délégation spéciale du village, et Harold Fairweather, que les Allemands sont allés arrêter à l'hôpital de Clairvivre.

Les trois otages de Rastignac, Jacques Lauwick, sa sœur Ghislaine et son neveu Cédric, seraient libérés le 2 avril, Michel et Bienaise, au milieu du mois. Fairweather serait emprisonné à Limoges. Priouzeau, finalement déporté à Buchenwald-Dora, où il mourrait en 1945.

Arrivé de l'Oise, le lieutenant-colonel Ramain avait obtenu des envahisseurs qu'on ne brûle pas le hameau du Chastel en garantissant qu'aucun maquisard ne s'y trouvait. Ramain trouvait là plus de crédit auprès des Allemands qu'auprès du milicien Denoix.

La maison de Marcel Michel avait fini dans le feu. Malgré les manigances de l'indicateur Kemper, celle du docteur Faraggi y a échappé de peu. Et son propriétaire avait pu rejoindre un maquis dans le Lot.

Avant que la division Brehmer lève le camp, Nathan Schenkel et Naphtali Grun seraient sauvagement mitraillés contre le mur du cimetière d'Azerat le dimanche 2 avril.

La semaine suivante, l'école reprendrait à La Bachellerie, une fleur fichée dans l'encrier des enfants absents.

Jacques Schupack note dans son journal avoir envoyé Benjamin chercher des affaires à La Bachellerie après le départ de la division B, dans l'idée de les transmettre à Ida et Paul détenus à Périgueux. Pourquoi mander Benjamin et non son aîné ? Joseph était déjà sans doute parti pour Lyon. Cette expédition au village, encore une séquence dont Benjamin n'a aucun souvenir, mais elle lui paraît improbable. D'après son père, il aurait trouvé leur logis pillé, « occupé par les profiteurs », il n'aurait pu récupérer qu'une nappe et quelques vêtements. Une chose est sûre, en partant de Veyre, Jacques et Benjamin connaissaient l'adresse de la fille de M. Christoflour, le voisin sauveur de Benjamin. Elle habitait le quartier Saint-Georges à Périgueux.

Tel qu'il est raconté dans le journal de Jacques, ce départ de Veyre pour Lyon le 4 avril 1944 est tramé de coïncidences, ces coïncidences dont on tisse les fictions. Karza, à qui Jacques a donné cinq mille francs en récompense de ses bons services, les a conduits à travers la forêt jusqu'à la gare de Thenon. Là, Jacques et Benjamin trouvent la femme de « M. Scherrer », certainement l'épouse de Mayer Scheer, Chaja, sur un banc dans la salle d'attente, seule, en pleurs. « Elle a perdu sa fille à Saint-Rabier » et elle ignore où se trouve son mari. Jacques lui demande de sécher ses larmes. Pleurer, c'est suspect. Si suspect qu'il change de place dans la salle d'attente.

À Saint-Georges, dernier arrêt avant la gare centrale de Périgueux, Jacques aperçoit des gendarmes de La Bachellerie. On s'explique mal leur présence à quarante kilomètres de leurs bases. « Heureusement, ils ne nous ont pas inquiétés. »

Autre hasard, la fille de Christoflour habite en face de la caserne où l'on retient Ida, Paul et les autres. Mais « quoi faire ? » Jacques figure « sur la liste des condamnés à mort », il charge la jeune femme de remettre un colis de vêtements à la Croix-Rouge, à l'attention de sa femme et de son fils. Mais la Croix-Rouge, paraît-il, « ne veut ou ne peut rien faire passer à la Gestapo ».

La suite prend un tour rocambolesque et dramatique. À midi, les deux Schupack et la fille de Christoflour partent à pied pour la gare principale de Périgueux. Il faut imaginer la scène. Jacques en bleu de travail, musette à l'épaule, poussant un landau où gigote le bébé de la fille de Christoflour, dans une ville truffée de « miliciens », dont certains de « race africaine » – sûrement la Légion nord-africaine.

LES INOUBLIABLES

Arrivée à la gare, treize heures. Départ pour Lyon, vingt-deux heures. Entre-temps, Jacques avise un train gardé par les soldats SS. Des mains s'accrochent au grillage de fer. « Peut-être que ma famille était dedans ! » Possible si Jacques se trompe légèrement dans une chronologie reconstituée de mémoire. Ida et Paul sont arrivés le 6 avril au camp de Drancy avec quatre-vingt-six autres personnes de Périgueux.

Le départ de Périgueux s'est effectué « par le train en plein jour », écrit Sabine Vogelhut, avec « un tout petit baluchon » pour Drancy. Drancy, d'où l'un des frères de Nathan Schenkel, Moshe, arrêté à Limoges, est parti un mois plus tôt pour Auschwitz. Drancy, où il reste le 6 avril leur sœur Anne et son mari Alexandre Buchinger, arrêtés avec Moshe dans la boucherie que le couple tenait à Limoges. Ils partiront dans le même convoi que les Schenkel de La Bachellerie. Anna reviendra seule, et racontera à ses proches avoir vu arriver à Drancy Esther Schenkel et ses enfants affamés. Elle s'est débrouillée pour leur trouver à manger. Comme les sœurs Borensztejn se sont débrouillées pour s'occuper des petites Berthe et Sala de Saint-Rabier.

Arrivée de Nice le 7 avril à Drancy avec sa mère, sa sœur aînée et son frère, Simone Veil, alors Jacob, raconte dans *Une vie* : « Tout le monde répétait que nous devions être acheminés en Allemagne pour y

travailler "très dur". Mais vers quelles destinations ?
Faute de le savoir, on parlait de "Pitchipoï", terme
inconnu désignant une destination imaginaire. Les
familles espéraient ne pas être séparées, et c'était
tout. »

Les fiches individuelles des cinq enfants Schenkel
tamponnées à Drancy le 13 avril 1944 leur attri-
buent la profession d'écolier. Même profession pour
Paul Schupack, neuf ans. Sa mère laisse à la consigne
du camp la somme de deux mille vingt francs et
« une bague en or avec une pierre », un reçu du
13 avril en fait foi. Le même jour, ils partent vers
Auschwitz-Birkenau par le convoi 71 avec quelque
cent soixante autres femmes et enfants arrêtés en
Dordogne, mais aussi trente-quatre gamins de la
colonie d'Izieu raflés sur l'ordre de Klaus Barbie.
Mille cinq cents déportés dans le convoi 71, deux
cent quatre-vingt-dix enfants, dont cent cinquante
ayant moins de douze ans.

On peut les suivre en pensées dans *Une vie*, où
Simone Veil décrit le transfert en autocar à la gare
de Bobigny à cinq heures du matin et son trajet dans
un wagon à bestiaux. « Comme il ne faisait ni trop
froid ni trop chaud », personne n'est mort dans ce
wagon d'« une soixantaine d'hommes, de femmes,
d'enfants, de personnes âgées, mais pas de
malades ». Tous « effroyablement serrés », se poussant « pour gagner un peu de place », s'asseyant ou
s'allongeant chacun leur tour. À chaque arrêt, des

SS les prévenaient que si l'un d'eux s'échappait, le wagon entier serait fusillé. Sabine Vogelhut : « Pendant trois jours enfermées. (…) À gauche, à droite, ça criait de partout, on se bousculait, on avait peur. »

Les peurs de l'enfance : la peur des hommes, des animaux, des éléments, du temps qui pourrait ne plus passer ; être moqué, frappé, empoisonné, abandonné, accidenté, tomber, se perdre, se blesser, souffrir, agoniser et, bien sûr, mourir. Surtout mourir, puisque au bout de chaque petite peur de l'enfance se profile, tapie dans le noir, la grande peur de mourir. Cette peur du noir, c'est le tribut que l'enfance doit payer à ses puissances de porosité, d'imagination, de visitation. On peut bien tenter de la faire taire en se bouchant les oreilles, fermer les yeux pour ne pas la voir, se réveiller pour ne pas en rêver, la conjurer en chantant dans le noir d'une cave, on n'y échappe pas à cet âge. Quand je séjournais à La Bachellerie, le noir de la peur s'accentuait d'une épaisse couche d'inconnu, l'inconnu que représentait la campagne aux yeux d'un petit citadin habitué aux rues claires d'une banlieue résidentielle. Là-dessus, ma solitude – solitude inhérente à mon désir insolent de formuler les faits et les choses dans des mots – en rajoutait une couche. Une nébuleuse d'angoisses physico-artistiques constitutive de toute enfance banale et heureuse. Parfois j'avais peur, et quand la peur était trop forte, je l'avouais, et l'on me répondait : « Rassure-toi, il ne va rien t'arriver. » Et en effet, il n'arrivait rien, le danger n'était pas vécu, seulement imaginé. Il ne m'est jamais rien arrivé à La Bachellerie, mes peurs passagères, intermittentes, ne se sont jamais vérifiées, n'ont jamais pris corps.

Ma peur n'était rien. La leur était tout. L'élève Bonnet-Kippelstein l'avoue à Julien dans *Au revoir les enfants* de Louis Malle : « J'ai peur tout le temps. » Et à un moment du temps, ça leur est *arrivé*. La peur, le danger redouté sont devenus réalité. Arrêtés, détenus, déportés, ils ont passé la ligne, projetés dans le cercle au centre duquel l'effroi se réalise. Se rapprochant de plus en plus du centre de ce cercle, avec d'autres enfants, dans d'autres gares, sur d'autres rails, jusqu'au terminus. Ils ont vécu la mort avant de mourir, ils sont morts avant d'être assassinés.

Comme ce voyage décrit par Simone Veil, mais plus encore, car là les mots manquent, avalés par le silence d'un impossible retour, l'effroi des enfants m'est inimaginable, indicible, trop loin de moi, trop loin de La Bachellerie, et du lexique qui me lie à eux là-bas. C'est là où s'effectue la véritable séparation, là où je les perds complètement, dans leur peur de mourir avant de mourir. Pour tenter de revenir à eux, je peux juste me poser une question, sans oser la réponse. Qu'ont-ils emmené, gardé de leur séjour à La Bachellerie durant leur atroce voyage ? Des souvenirs, des scènes de joie au village les ont-ils visités

fugacement ? Ont-ils convoqué des images de bonheur face au vide de l'horreur ou ces images se
sont-elles imposées à eux dans le sursaut d'ultimes
pulsions de vie ? Des images que je pourrais partager
avec eux. Monter à l'arbre ou sur les « puys », s'asper-
ger à l'eau d'une fontaine, jouer au poirier sous les
noyers, jeter une feuille dans le Cern, traverser la
route et la retrouver entraînée par le courant de
l'autre côté du pont, cueillir des mûres dans un
chemin creux ou poser pour un photographe et sourire de sa drôle de tête.

Ils sont arrivés le 15 avril au soir. Le convoi « s'est
immobilisé en pleine nuit », écrit Simone Veil. Les
aboiements des chiens, les projecteurs aveuglants, la
séparation des hommes des femmes et des enfants,
la mauvaise et la « bonne file », un bâtiment à « une
seule fenêtre », la fumée. Ida et Paul Schupack, Mina
Gold, Régine et Liliane Gerst, Suzanne, Rosette et
Colette Krieger, Ève et Maurice Liechtenstein, Hesel
et René Acsel, Hinda et Élisabeth Apelgot, Berthe
Elefant, Marie et Isidore Grun, Adrienne, Yves et
Monique Netter, Sala Scheer, Laja Borenzstejn,
Esther, Cécile, Isaac, Jacques, Maurice et Alfred
Schenkel ont été assassinés à Auschwitz.

Parties de La Bachellerie, seules sont revenues
Sonia Apelgot, Jochwet et Golda Borensztejn, Bella
et Sabine Vogelhut. Dans leurs récits terriblement
intimes et généraux, concrets et abstraits, Jochwet et
Sabine parlent d'« enfer », comme Simone Veil.

Sonia : « Les mots ne rendent qu'une partie de la réalité. » Si les mots ont manqué à ceux qui ont vécu l'enfer, il n'y a rien à y ajouter.

Mais j'ai voulu rencontrer Marceline Rozenberg, devenue Marceline Loridan-Ivens. Arrêtée dans le Vaucluse en février 1944 avec son père, elle avait eu seize ans entre Marseille et Drancy, elle faisait aussi partie du convoi 71 pour Auschwitz. Elle y était revenue cinquante-huit ans après pour y tourner *La Petite Prairie aux bouleaux*. Peut-être se souvenait-elle de ces familles venues de l'Est raflées en Dordogne, peut-être avait-elle gardé en mémoire des visages, des noms, des mots. L'ami qui m'avait assuré qu'on ne trouvait pas de photos des raflés dans l'enceinte du Vél' d'Hiv' lui avait téléphoné. Rendez-vous chez elle, sixième arrondissement de Paris. J'apporterais la photo des Schenkel au cas où.

La porte s'est ouverte sur une petite femme crépitante, électrique, rousse comme à seize ans. D'un placard, elle a tiré des olives et des chips au comté, joyeusement rebaptisées « hosties au fromage ». Deux bouteilles de vodka ont bondi du réfrigérateur. Nous avons opté pour la Zubrowka, elle a coupé la sienne d'un jus de grenade. La photo des Schenkel ne rappelait personne à Marceline et elle parlait déportation à sa façon. « Mon père m'avait dit : "Toi, tu reviendras. Mais moi, je ne reviendrai pas." Quand on part de Bobigny, on ne sait pas où on va, où on est, combien de temps cela va durer. On a eu des paquets de nourriture, de quoi manger. Il ne faisait pas froid, la froidure est venue à l'ouverture, à Birkenau, il faisait froid. Les convois n'arrivaient pas encore directement aux chambres à gaz. Il n'y avait pas les rails. Les rails, je les ai posés. On s'arrêtait à un kilomètre et demi, entre Auschwitz et Birkenau, à la hauteur des bunkers de pommes de terre, là où ils ont foutu un wagon. Il y avait quand même une innocence… Quand le convoi est arrivé, j'ai vu un groupe de femmes au loin, dans l'aurore. Elles portaient des vêtements rayés et toutes le même foulard sur la tête. Je me suis dit : "Tiens, on va avoir un costume !" »

Une innocence que Marceline avait gardée, amplifiée pour les besoins de la révolte, dans une fine silhouette d'adolescente, comme si sa croissance s'était arrêtée à Auschwitz. Une jeunesse arrêtée, qu'on n'arrêtait plus. L'ironie, la victoire était là. « Déportée ? Non, je suis une survivante ! » avait-elle martelé, me tendant les hosties au fromage en découvrant un bras tatoué d'un numéro.

La discussion s'était poursuivie au présent, à propos d'un écrivain réputé pour ses travaux sur la Shoah. « Lui, il n'aime les Juifs que morts », avait

asséné Marceline. Ce soir de novembre, Tsahal répondait par des missiles aux tirs d'obus et de roquettes
du Hamas sur Israël, et je pensais que ça n'en finirait
jamais entre les deux camps. À un moment, Marceline s'est exclamée en battant des mains : « Que je
suis fière d'être juive ! » Cette fusée venait de plus
loin que de la bande de Gaza. Rien de guerrier, de
prétentieux dans cet éclat. Ce qui explosait là, c'était
une jubilation intime, une fierté inaltérable et
recueillie, l'expression aussi de cette forme de désinvolture définie par Ernst Jünger comme « l'innocence
de la force ». Cette joie d'être soi et d'être juif, je les
retrouvais chez mon ami, comme chez Benjamin,
bien que ce dernier n'en fasse pas des tonnes, c'était
le moins qu'on puisse dire, sur un judaïsme dont il
ne parlait jamais. Mon ami avait cinquante ans et
douze parents assassinés dans les camps. Marceline et
Benjamin étaient octogénaires. Tous trois se signa-
laient, se ressemblaient par leur juvénilité, des sourires malicieux, des éclairs de candeur. Ils faisaient
moins que leur âge, comme on dit, mais cette singulière jeunesse ne se décomptait pas en années, ce
n'était pas dix ou quinze ans de moins, c'était le
temps et le grain de l'espérance qui insistaient sur
leurs visages. Leur histoire les condamnait à l'espérance. Marceline m'avait dédicacé son dernier livre,
Ma vie balagan, m'encourageant dans ma « quête
inouïe ».

Que cherchais-je au juste ? Une part de cette quête
s'achevait le 16 avril 1944 à Auschwitz. Je savais dès

le début où ils avaient fini. Et je n'avais pas droit à la part de fiction dévolue à Benjamin. Il me l'a confiée, une fois. Quand je regarde des documentaires sur les camps, je cherche toujours ma mère et Paul sur les images, j'essaie de les retrouver. Pourquoi puisque j'ai la quasi-certitude qu'ils ont été gazés à leur arrivée ? Voilà la question. Je suis allé à Lourdes, quand j'ai vu tous ces gens qui espèrent un miracle, je me suis dit peut-être... Peut-être que le jour où on les a amenés à la chambre à gaz, il n'y avait pas assez de gaz. Peut-être qu'un SS a trouvé ma mère jolie et qu'elle a couché avec lui pour se sauver. Je dis des bêtises...

Pour moi, la quête se déployait à rebours, dans le mouvement de l'écriture, dont je voulais me persuader qu'elle était une autre vie.

Benjamin, Joseph et Jacques Schupack sont revenus à La Bachellerie vers septembre 1944, quelque six mois après la rafle. Le 20 août, les Forces françaises de l'intérieur avaient libéré Périgueux. Les trois Schupack comptent récupérer des affaires laissées dans la maison ou confiées à des voisins. Dommage que le journal de Jacques ne mentionne pas cet épisode. D'après Joseph, ils ont dormi à l'hôtel derrière la place. Benjamin revoit vaguement des maquisards arpentant le village le fusil à l'épaule. Joseph n'a pas oublié la réflexion d'un gendarme s'étonnant de les revoir en vie, et l'a très mal prise. Un gendarme que Joseph connaissait depuis quatre ans. Les trois Schupack reviennent dans une région traumatisée par les derniers mois d'une guerre de plus en plus violente.

Huit jours après le passage de la division Brehmer, des villageois avaient exhumé les corps des fusillés du pré de La Genèbre pour les porter au cimetière. Venue avec des draps blancs, Mme Lagorce avait vu le bras de Charles Netter sortir de terre. Les Allemands autorisaient à peine qu'on les pleure. Des obsèques confidentielles pour ceux du village. Réduites au minimum pour les Juifs, dont les familles étaient retenues ailleurs.

La division B avait échoué contre les maquis, les combats s'étaient durcis entre la Résistance et les Allemands secondés par leurs supplétifs miliciens ou nord-africains. Juin avait été terrible. Le 11, Hambrecht avait fait fusiller cinquante-deux otages civils par la LNA, la « brigade des bicots », à Mussidan. Au même moment, à La Bachellerie, où la gendarmerie avait cédé ses locaux au maquis, on avait vu arriver un bout de la division Das Reich, qui remontait vers le front normand via Périgueux, afin d'embarquer les blindés par le train. Chenillant à mort, d'autres unités de la Das Reich avaient carbonisé Oradour-sur-Glane et pendu quatre-vingt-dix-neuf otages à Tulle. Dans les environs de La Bachellerie, elle avait martyrisé et partiellement brûlé Terrasson, où les FFI venaient de déclarer la IVe République. Au village, elle avait brûlé la gendarmerie évacuée par les maquisards pour protéger les habitants, avant d'abattre deux Bacheliers d'une vingtaine d'années au bord de la 89, dans les parages du Pont-Biais après le couvre-feu. Mais la ruse et l'ironie parlaient encore. À Estieux, la Das Reich avait incendié la propriété d'Adolphe Denoix, trompée par un drapeau soviétique planté sur le toit par des maquisards qui ne perdaient pas une occasion de rigoler. Parti quelques semaines plus tôt pour Saint-Quentin avant sa fuite en Allemagne, Denoix allait échapper au sort promis à son devancier Georges Tomasi, arrêté le 21 août à Périgueux par des FFI, et dont le corps ne sera jamais retrouvé. Il semble bien qu'on n'ait plus vu d'Allemands au village après le 10 août ; les derniers étaient défaits, en déroute, le canon en berne.

Les trois Schupack reviennent dans un village libéré mais en deuil, meurtri par deux divisions allemandes, les assassinats de La Genèbre, du Pont-Biais, tous ceux perpétrés aux alentours, Terrasson, Condat, Saint-Rabier, Azerat, Auriac-du-Périgord, Thenon, dans tout le département. Soixante ans plus tard, Joseph traitait encore de « dégueulasse » le gendarme de La Bachellerie qui s'étonne de les revoir en vie. Peut-être, peut-être pas. Se méfier des distorsions de tons, des modulations d'échos dans le temps. On ne peut exclure une maladresse du gendarme ou un malentendu du côté de Joseph. Peut-être ce gendarme s'étonne-t-il de revoir les Schupack vivants dans ce champ de morts. Environ deux mille six cents victimes en Dordogne. Mille quatre cent douze victimes non juives et mille cent quatre-vingt-six à mille cent quatre-vingt-seize Israélites, selon les estimations, toujours précises et prudentes, de Bernard Reviriego en 2003. En Dordogne, presque la moitié des victimes étaient juives et venues d'ailleurs. Deux cent quatre furent fusillées sur un total national d'environ un millier.

La Résistance n'a pu protéger une communauté réfugiée dont la défense n'entrait pas dans ses priorités. Les maquis ne défendaient pas, ils attaquaient les

Allemands, leurs comparses, leurs obligés. La Dordogne est semée de stèles, de plaques, de croix, de calvaires rappelant le souvenir, le courage, le sacrifice des maquisards et de leurs soutiens. Des stèles plantées dans la terre sanglante, il y en a beaucoup, certaines poussées très vite, juste après la guerre, comme celle de La Genèbre, qui mêle aux noms des morts du village ceux des Juifs réfugiés. S'ils n'étaient pas d'ici, ils étaient tombés là, et La Bachellerie ne voulait pas les oublier.

Mais pour l'instant les Schupack retrouvaient un village à cran, et on les regardait bizarrement. Pourquoi revenaient-ils ici ceux qui n'étaient pas d'ici ? Chacun chez soi pour pleurer ses morts et régler ses comptes. Car il y avait des comptes à régler, et si les Schupack n'étaient pas venus dans cette intention, ils faisaient tache dans une région qui entendait laver son linge sale en famille. Familles de résistants et de collabos. Les vainqueurs faisaient la loi. Des règlements de comptes il y en avait eu et il y en aurait encore, plus de quatre cents exécutions sommaires en Dordogne ; beaucoup plus, disent certains.

Comme partout devaient se trouver parmi les vainqueurs quelques ralliés factices, opportunistes, de la dernière heure. Joseph mentionne de « prétendus » maquisards, prompts à arrêter les camions, à réclamer les papiers. Il doute de la qualité de certains dans un endroit qu'il connaissait bien. À La Bachellerie comme ailleurs, on admet aujourd'hui qu'on comptait aussi des « truands », des gens de sac et de corde, de l'ivraie dans le bon grain du maquis.

Aux Archives départementales, j'ai retrouvé une étrange note signée Paul Bienaise, président de la délégation spéciale de La Bachellerie, datée du 20 juillet 1944, adressée au nouveau préfet. « J'ai l'honneur de vous rendre compte que dans la nuit du 19 au 20 juillet, des gens armés ont pénétré dans le local où étaient entreposés les objets provenant des Juifs dispersés au cours des opérations de police de mars dernier et se sont emparés d'effets d'habillement et de chaussures. » Qui pouvaient être ces « gens armés » maraudant une nuit de fin juillet 1944 dans un bourg retiré, contrôlé par le maquis, déserté par des miliciens planqués ou en fuite, évité par des Allemands qui ne s'aventuraient plus que sur des axes transversaux ? Peut-être des « truands » spéculant sur l'impunité historique.

On a dû repartir du village avec une valise, me dit Benjamin. Une valise contenant quelques affaires, des photos prises entre 1940 et 1942 et le dernier cahier d'écolier de Paul, le cadet. Valise confiée au fils d'un voisin. Mais par qui et quand ? Par Jacques ou Joseph au moment de leur départ pour Veyre le 27 mars ? Par Ida juste avant la rafle ? Par Benjamin lors de son improbable retour au village après le départ de la Brehmer ? La fille du voisin se souvient de cette fameuse valise. D'abord cachée sous le toit d'une grange, me dit-elle, puis rangée dans un placard après qu'on eut arraché l'étoile jaune des vêtements qu'elle contenait. C'est loin tout ça, et la dame se trompe à propos de l'étoile jaune, jamais portée par les Schupack en zone sud. Cette valise, les Schupack l'ont sans doute récupérée au village vers septembre 1944, sinon Jacques l'aurait mentionnée comme un objet spécialement gênant dans la fuite épique à Lyon.

La dernière page du cahier de Paul Schupack, un exercice du 22 mars 1944, huit jours avant la rafle.

Les effets des autres familles juives raflées au village, ces objets de la vie quotidienne, que sont-ils devenus ? Volés ? Conservés par certains en vue de leur restitution après la guerre ? Oubliés dans des greniers ou des caves ? Partis non identifiés dans des brocantes ? Perdus ? Jetés ? Détruits ? Pas tous. Des familles ont récupéré quelques affaires et documents. La photo des enfants Schenkel, celles d'Yves et

Monique Netter, peut-être envoyées à des proches en 1942 ou 1943, ont suivi des circuits incertains, mystérieux.

J'écoute Benjamin. Colette, ma femme, me demande souvent : « Comment était ta mère ? Est-ce qu'elle t'embrassait quand tu allais à l'école ? Avait-elle un accent quand elle te parlait ? » Je ne sais pas, j'ai occulté. Quand nous sommes arrivés à Lyon début avril, il y a eu une coupure totale avec mon père. Dans l'hôtel meublé où nous habitions, il logeait au premier, mon frère et moi, au second.

Jacques Schupack évoque cette arrivée à Lyon le 5 avril 1944 et les retrouvailles avec ses parents qui avaient pu s'enfuir du village grâce à la présence d'esprit du chef de gare. Un accueil aphasique. « Personne n'a dit un mot, ils sont muets… Après ces terribles événements, quoi dire, quoi penser… Nous sommes pourchassés et on ne sait pas où nous allons. *Quo Vadis…* » *Où vas-tu ?* Où vas-tu, Seigneur ? Plus bas, une phrase en capitales souligne autant la menace extérieure qu'un *black-out* intime :

SI NOUS OSONS OUVRIR LA BOUCHE.

C'est vrai, nous on n'osait pas ouvrir la bouche, même entre nous, confirme Benjamin. La déportation d'Ida et de Paul, l'exécution de Rubin et de Maurice, on n'en parlait pas dans la famille. Pourtant à l'époque, vous ignoriez qu'Ida et Paul ne reviendraient pas... Oui, à la Libération, on espérait toujours leur retour. On allait tous les jours prendre des nouvelles au siège du *Progrès de Lyon*, rue de la République ; le hall était tapissé de photos de déportés. Tous les jours aussi à la gare de Perrache, on montrait nos photos à ceux qui rentraient ou qui transitaient par Lyon. Mais peu à peu, tout s'est dilué. Moins de photos dans le hall du *Progrès*, moins de gens qui rentraient. La vie a repris. Je me suis retrouvé dans un préventorium. Après la guerre, à Strasbourg, j'ai rencontré une femme qui se trouvait dans le même wagon que ma mère et mon frère. J'ai voulu savoir ce qui leur était arrivé. Je n'ai pas eu de réponse. Là s'est produite une autre cassure, j'ai compris qu'on ne voulait pas en parler. J'ai cessé toute recherche, je n'ai plus rien demandé, à qui que ce soit. J'ai rejoint les volontaires étrangers du Machal et je suis parti en Israël en 1948. Guerre d'indépendance d'octobre 1948 à juin 1949. Mariage et premier enfant là-bas. Je travaillais la terre dans un village proche de la frontière libanaise. On plantait, mal, mais on plantait. On trayait les vaches tôt le matin, on vivait torse nu. J'avais mon cheval, Buffalo. Je voulais être heureux. Vers 1954, je suis revenu en France, j'ai eu d'autres vies, toujours sans beaucoup de famille, ni d'amis. Je cherchais le contact, même à Belfort, j'ai retrouvé des gens qui travaillaient chez Alsthom, qui me recevaient régulièrement chez eux. J'avais sans doute besoin de retrouver ce que la guerre m'avait pris, une famille. Je ne mesurerais jamais la souffrance de mon père. Il ne m'a jamais parlé de la perte de sa femme et de son fils.

Jacques n'avait parlé qu'à son journal, ces pages écrites et réécrites, que j'avais sous les yeux. Benjamin les avait découvertes à la mort de son père en 1994. Jacques le silencieux, Jacques l'ironique avait tenté de conter l'histoire de la famille, avec ses mots et ses souvenirs à lui, dans un français hésitant, mais sûr de sa douleur, de sa colère. Dans son coin, des années plus tard. Pour combler les trous, il s'était renseigné sur la rafle de La Bachellerie, probablement procuré *La Guerre allemande dans le Terrassonnais* de René Delmas. En 1947, il avait écrit à Marcel Michel, redevenu maire du village, pour lui demander un papier faisant office de certificat de décès d'Ida et de Paul. Michel lui avait envoyé un document rédigé de sa main en débutant par « Mon cher Schupack ». En 1965, Jacques avait contacté le Musée national d'Oswiecim, Auschwitz en polonais, en vue d'obtenir des renseignements sur le sort d'Ida, de Paul, de ses beaux-parents, de ses belles-sœurs et de leurs enfants. « Exterminés » le 16 avril 1944 au Zyklon B.

Revenue dans un train de prisonniers français, Jochwet Borensztejn est arrivée en mai 1945, à Paris, à l'hôtel Lutetia, devenu centre d'accueil pour les déportés des camps. Elle part pour Brive. Où on lui apprend que son père a été fusillé le lendemain de la rafle à La Bachellerie. Elle se rend au village. Où elle éconduit un journaliste qui veut recueillir son témoignage. Pas le cœur à témoigner.

Szulin Borensztejn est enterré au cimetière de Saint-Rabier. J'ai poussé la grille. Tout au bout, la tombe la plus éloignée de l'entrée, mais une tombe entretenue, éclairée au couchant.

Sabine Vogelhut est rentrée elle aussi en mai 1945, par Lille, avec sa mère, Bella. Alité le 30 mars 1944, son père, Bernard, avait échappé à la rafle. Elle le retrouve dans un asile de vieillards à Paris, c'est là qu'elle apprend l'exécution de ses deux frères, Charles et Marcel, à La Bachellerie. À cette époque, elle en veut au monde entier, pense que certains Bacheliers bien informés auraient pu sauver des enfants en les prévenant. D'après l'une de ses filles, Martine Schenker, elle voulait retourner au village pour y régler des comptes, mais Bernard l'en a empêchée. Son mariage en 1950 avec un homme dont la famille avait été beaucoup moins éprouvée pendant la guerre l'a aidée à revivre, à mener une existence apparemment normale aux yeux des autres. Reste le silence. Avant de témoigner dans sa lettre de 1979, Sabine ne s'était jamais ouverte à Martine de cette époque de sa vie. « Sujet tabou » dont Martine n'a longtemps rien su, à part « quelques brefs moments » racontés par sa grand-mère, Bella.

III

C'est Benjamin qui m'a parlé le premier de revenir ensemble à La Bachellerie. J'y pensais depuis long-temps, à ce retour conjugué, depuis mon premier appel. Intention et mouvement du livre, ce retour mutuel au village en serait aussi l'achèvement, l'épi-logue symbolique. Je n'avais pas osé lui demander de retourner là-bas. Comme j'avais eu des scrupules à le presser de questions, à lui faire préciser tel ou tel point susceptible d'éclairer les écrits souvent lacu-naires de son père. Mon travail de recomposition, mon intérêt documentaire et chronologique avaient quelque chose d'indécent et d'absurde face à une réa-lité indescriptible et atemporelle : ça ne ferait pas revenir ceux qui étaient partis. Pour Benjamin, cer-tains détails, certaines dates avaient peu d'impor-tance, mais il considérait patiemment mes requêtes et faisait son possible pour me renseigner. Je me demandais souvent dans quel état le laissaient mes visites ou nos conversations téléphoniques, ces plon-gées mnésiques auxquelles je le forçais, lui qui ne m'avait rien demandé, qui avait un jour décidé de ne plus rien demander à personne sur le sujet. Je troublais l'ordre fragile et mérité qu'il s'était construit. Mes interrogations, mes remarques, mes découvertes le renvoyaient au pire, l'assassinat d'une mère, doublé de celui de son petit frère. Mon travail le confrontait aussi aux impasses de sa mémoire, aux silences de son père, aux dénis de son frère aîné, Joseph. Joseph, décédé pendant la rédaction de l'ouvrage, et que je n'avais pas rencontré, il ne voulait plus *en* parler.

Benjamin avait lui aussi voulu classer le dossier. Mais comme c'était inoubliable, son prodigieux instinct de vie l'avait fait camper sur un oubli ouvert, attentif, généreux. Après notre première rencontre, il s'était mobilisé, rouvrant les cartons de son père, lançant des recherches, retrouvant des témoins. Tu m'as réveillé, disait-il ; quitte à le payer en cauchemars. Benjamin était supérieurement doué pour la vie. En lui battait toujours le cœur du garçon de quatorze ans parti rejoindre son père un matin à travers champs avec une bouteille de lait vide pour tromper les Allemands au lendemain d'une rafle qui avait dévasté sa famille. Benjamin me proposait de revenir avec lui dans un village où j'avais eu quatorze ans. Me précédait dans sa proposition comme il m'avait précédé au village. M'invitait à la croisée des chemins et au partage du temps. Le temps ne devait séparer personne.

Il est même arrivé le premier à l'hôtel réservé à Montignac. Tu m'as réveillé. Le lendemain, il était debout avant moi. Nous sommes partis en voiture à La Bachellerie. Je me suis garé au bord du grand virage en face du coderc. Nous sommes descendus. Et nous avons marché dans les rues de nos enfances périgourdines si différentes.

Benjamin était revenu au village en 2008 pour l'inauguration de la stèle près du monument aux morts. Pour les besoins de mon enquête, j'y étais redescendu plusieurs fois. En ce mois de mai, le village semblait encore plus vide et plus propre, grisé par un temps couvert. Première étape, la première maison qu'il avait occupée à son arrivée à l'automne 1939. En face, l'ancienne salle des fêtes et le garage où les maquisards avaient récupéré des voitures sous les yeux de Joseph. Plus haut, l'ancienne maison de M. Christoflour où Benjamin s'était réfugié le soir du 30 mars 1944. Benjamin pensait à son sauveur, et à sa fille, qui les avait escortés, son père et lui, à la gare de Périgueux sous la protection d'un landau où dormait un bébé. Pour lui, c'était la maison de Christoflour, pour moi, celle de l'amie de ma grand-mère, la dame à la grenadine, aux Mickey, aux miri-fiques chemises. Elle avait quitté le village, elle allait sur ses cent ans, elle ne reconnaîtrait plus le garçon qui s'amusait de ses rideaux à lanières de plastique anti-mouches. À côté, appuyée sur sa voisine décatie, c'était la maison qu'avaient occupée les Schupack jusqu'en mars 1944. Celle où Nathan Schenkel venait boire un verre et jouer aux cartes, où Jacques et Paul s'étaient cru riches de louis d'or trouvés dans la ruine, celle où Benjamin avait vu pour la dernière fois Ida et Paul. Quand la famille Schupack s'y était installée vers 1942, elle venait d'être refaite. On la reta-pait encore. Bois de fenêtre verni et volets chocolatés. Les vitres attiraient les deux curieux qui s'y reflétaient. D'un même mouvement, nous avons regardé à l'inté-rieur. Des pots de peinture, des outils, des bâches, un petit chantier. Le spectacle était dehors.

Benjamin m'a accompagné jusqu'au cimetière sans m'emboîter le pas entre les tombes. Certain d'y trouver celles des fusillés bacheliers de La Genèbre, j'ai cherché celles des Juifs tombés au même endroit, en commençant par le fond du cimetière. J'ai cherché longtemps, n'en trouvant qu'une. La vieille tombe de Mendel Apelgot se situait à l'entrée, surmontée d'une croix. « À mon frère, Mendel Apelgot, né le 25 avril 1898, fusillé par les Allemands à La Bachellerie le 30 mars 1944. » À côté, deux rectangles de terre bosselée et nue. À la mairie, on m'a assuré que les corps des Juifs avaient été ramenés par leur famille après la guerre. D'après Benjamin, Rubin Gold, son grand-père, reposait au cimetière israélite de Cronenbourg, à Strasbourg.

J'ai monté seul le pré mouillé vers la stèle de La Genèbre. Benjamin m'attendait en bas, devant la ferme de la famille Meekel. La pente était trop rude et Rubin l'avait déjà gravie.

Benjamin tenait à refaire le chemin qu'il avait emprunté le 31 mars dans sa fuite à Veyre. Tourne à droite… Une route de rien, une mini-bretelle pentue épinglée au bord de la 89 avant d'arriver à Azerat. J'ai serré le frein à main devant la voie ferrée. Benjamin est sorti de la voiture, a pointé du doigt le passage à niveau. C'est là où les deux Allemands m'ont interpellé avec ma bouteille de lait vide, ils m'ont laissé passer, je ne faisais pas mon âge. Par trois fois, l'aspect enfantin de Benjamin, qui faisait moins que ses quatorze ans, l'avait tiré d'un mauvais pas, dans le car des miliciens, chez M. Christoflour, à ce passage à niveau. Après la bicoque du garde-barrière à moitié éboulée, rendue aux ronces et aux orties, la piste de Veyre se perdait dans les champs barrés au loin par la tringle de la nouvelle autoroute. Une route plus civile menait à Veyre, mais une fois rendu là-bas, il fallait bien connaître le coin. C'était l'un de ces hameaux dont on ne voyait ni le début ni la fin. J'ai tourné et viré une demi-heure dans une zone de prés et de sous-bois, avant de m'enquérir auprès d'un vieil homme cheminant dans l'allée d'un pavillon plus ou moins moderne. Connaissait-il la maison d'un nommé Karza ou celle de la veuve Richard qui habitaient le coin pendant la guerre ? « Ah, vous venez voir les morts… », avait cligné le vieux, comme si l'on était attendus. « La veuve Richard… Elle habitait un peu plus loin. Vous faites demi-tour, vous continuez tout droit, puis première à gauche, ça descend, vous verrez, il y a un panneau, La Queyrelie. » Jacques ne citait jamais le hameau de La Queyrelie dans son journal. Pour le réfugié d'origine polonaise, c'était Veyre, moins compliqué à prononcer. Les Karza habitaient donc à La Queyrelie. Le vieil homme avait tendu l'oreille en fronçant les sourcils. Karza ? Oui, la famille Karza… Le vieux rigolait presque. « Pas Karza ! *Cat Sa* ! C'est comme ça qu'on appelait Duval en patois… » *Cat Sa*, parce qu'il avait quatre chats. *Cat Sa* ou quelque chose comme ça.

À la lecture du journal de Jacques Schupack, j'avais imaginé le coin moins perdu, moins lugubre. Un chapelet de maisons dans une combe cernée par les bois et comme écrasée par le ciel bas d'un mois de mai très incertain. La météo était contre nous, un vrai décor de mars allemand, vert-de-gris, plombé. Au claquement des portières de la voiture, des chiens ont aboyé, comme la nuit où « Monsieur Scherrer » avait réveillé Jacques pour lui parler d'une planque. Ce n'étaient pas les chiens de Karza ou de *Cat Sa*. Il n'y avait pas plus de *Cat Sa* que de Duval ou de Richard à La Queyrelie. Le vieil homme nous avait prévenus. Mais la fameuse maison prêtée à Jacques par « la veuve Richard » en 1944 subsistait, finalement restaurée par d'autres que lui, au fond de la cuvette. Benjamin l'a reconnue par le chemin qui y menait en sortant du bois. C'est par là que je suis arrivé le 31 mars.

Le hurlement des chiens avait rameuté d'autres bruits plus anciens. Rafales de tirs dans les bois serrés penchés sur le cul de la combe, éclats de voix fantomatiques, échos rebondissant aux murs de cette vallée d'ombres où Jacques s'était senti piégé comme un animal et devenir fou. Un couple avec des enfants occupait la maison. L'homme ignorait évidemment tout de l'histoire de Benjamin, mais il avait la sienne. Ses parents, militants communistes, avaient été déportés. Il avait prénommé l'une de ses filles Sara. Benjamin n'a pas demandé à visiter l'habitation. Il en avait assez vu, en savait assez. La maison de La

Queyrelie, c'était le bout du voyage et le début d'un autre. De là, les trois Schupack s'étaient enfuis à Lyon. Nous sommes rentrés à l'hôtel de Montignac. Le lendemain, on déjeunerait chez Martial Faucon, qui nous avait invités dans sa campagne du côté d'Ajat. En attendant, j'allais continuer seul.

Mes grands-parents reposaient derrière le mur du cimetière d'Azerat où s'étaient logées les balles qui avaient percé Nathan Schenkel et Naphtali Grun, fusillés le 2 avril 1944. D'autres Juifs avaient été fusillés au cimetière. René Kahn, Joseph Cohen, Tobias Grunbaum, Pierre Khantine. Une plaque les rassemblait dans la mort le 2 avril. Stèles, plaques et photos se trompaient parfois dans les dates et les âges, jamais dans l'intention. Khantine avait été fusillé le 31 mars à Azerat à vingt-huit ans. Ancien élève de l'École normale supérieure, reçu à Polytechnique, agrégé de mathématiques, il donnait des cours à l'École navale avant que Vichy n'interdise aux Juifs d'enseigner. Réfugié à Rouffignac, il fabriquait de faux papiers et cachait des enfants. À gauche de la tombe de Khantine, un carré sans nom, celui des fusillés du cimetière. Nathan Schenkel a été ramené par sa famille au cimetière Adath Israël à Strasbourg.

Nous n'irons plus jouer au château, m'étais-je dit en regardant de loin Rastignac, en voie de réfection complète, résidence partagée et désormais habitée par des copropriétaires étrangers. Après les « Anglais », la simili Maison-Blanche appartenait désormais à des Hollandais. Les nouveaux maîtres des lieux avaient sûrement surveillé de près les lourds travaux de restauration. On ne savait jamais. En 1945, relogé non loin de la suie et des brûlures du domaine, Jacques Lauwick, le fils de la châtelaine, avait écrit au galeriste Jean Bernheim, se disant persuadé que les trente-trois toiles avaient brûlé dans le bâtiment principal. Bernheim pensait tellement le contraire qu'il lancerait des détectives sur la ténébreuse affaire.

D'après Dominique Richard, dans *Le Roman noir du Périgord*, des proches de Bernheim avaient été interrogés dans le Sud-Est trois semaines avant l'incendie, puis relâchés en échange de carnets d'adresses, divers papiers et bijoux, d'un Manet et d'un Pissaro. Qu'ont-ils dit et que disaient leurs papiers ? À La Bachellerie, des gens ont-ils parlé à Denoix ? Vengeance féminine ? Familiale ? Féminine et familiale ? On se perd en conjectures. Condamné à mort par le tribunal militaire de Bordeaux en 1953, Hambrecht, le chef du SD de Périgueux, balance deux délateurs : une certaine Suzanne, non identifiée, et le comte de Beaumont, occis par des maquisards quelques mois avant l'incendie. Selon lui, les tableaux sont partis à l'Einsatzstab Reichsleiter Rosenberg, l'organisme officiel de pillage hitlérien installé au Jeu de Paume à Paris, aux bons soins du colonel Bruno Lohse. Le bourreau (vite gracié) ment-il ? Veut-il brouiller les pistes ? Lui sont-elles vraiment connues ? A-t-il été enfumé par sa hiérarchie ? Marchand d'art affidé à Göring, Lohse tombe des nues, dit n'avoir jamais vu le trésor pictural. Pas plus qu'Otto Abetz, l'ambassadeur allemand à Paris. Ces deux-là peuvent mentir, mais pas Rose Valland, résistante infiltrée dans la place, Valland n'a rien vu non plus, alors qu'elle inventoriait tout ce qui transitait au Jeu de Paume afin d'en connaître la destination. Le lieutenant Thalmann, le myope à la 402 qui avait donné l'ordre d'incendier le château, avait-il agi pour son propre compte ? Est-il bien mort en mai 1944 sous un bombardement à Lyon ? La femme de Bernheim est-elle passée à Rastignac dix jours avant l'incendie pour vérifier l'état des toiles ? Était-elle surveillée ? L'a-t-on dénoncée ? Quel crédit accorder à la rumeur selon laquelle les tableaux auraient quitté le château avant l'arrivée des Allemands ? Où sont-ils ? Et qui peut voir aujourd'hui les *Fleurs sur fond jaune* de Van Gogh, *L'Algérienne accoudée* de Renoir, *La Goulue et son cavalier* de Toulouse-Lautrec et les trente autres toiles de Jean Bernheim ?

De Rastignac, j'ai repris la route en direction du Lardin, sans croiser un seul véhicule jusqu'à l'échangeur du Pont-Biais. La nationale 89 a fini par payer sa langueur. Détrônée par la récente autoroute qui passait plus haut, on l'avait déclassée en départementale 6089. Mais c'est elle qu'il fallait suivre pour gagner la froide zone d'Estieux, où la température chutait brusquement quand j'y passais en deux-roues dans les années soixante-dix. Ce jour-là, le choc fut plus visuel que thermique. Un gigantesque entrepôt, sombre météorite tombée du ciel industriel, noircissait la droite de la route, perpétuant la sinistre tradition des lieux. J'ai tourné dans la courte pente qui menait à l'endroit où s'élevait jadis la propriété familiale d'Adolphe Denoix. Restait cette maison dont je m'approchais pour la première fois parce que je n'avais jamais aimé la voir au bord de la route. Modeste, avec un petit escalier XVIIIe, rousseauiste. C'était celle des gens d'Adolphe Denoix, métayers, jardiniers et autres. Des miliciens avaient pu y sévir, on y avait peut-être interrogé le médecin Moïse ou Aron Herscu, dont j'avais retrouvé la piste dans la thèse d'un carabin consacrée aux étudiants en médecine et aux médecins « morts pour la France » pendant la Seconde Guerre mondiale, Herscu, victime FFI, décédé « à trente-trois ans à l'hôpital de Clairvivre à Salagnac (Dordogne) le 25 novembre 1944 ». Cette maison léchée par le feu de la Das Reich, on l'avait rénovée, humanisée. L'homme qui l'habitait fabriquait des cabanes pour les oiseaux. Outre quelques blocs de pierre affleurant à la surface d'un pré, il ne restait rien de la grande maison du milicien. Comme si elle n'avait jamais existé.

Adolphe Denoix avait quitté la France avec les troupes hitlériennes en 1944. Condamné à mort par contumace, il s'était remarié en Allemagne en 1954. C'était plus sûr pour couler des jours paisibles en Bavière. Il ne serait jamais extradé. Il est mort derrière la ligne Maginot en 1973.

Me revoilà sur la voie communale reliant le village à Rastignac où quelque quarante ans plus tôt mon grand-père avait évoqué « des résistants et des Juifs fusillés par les Allemands dans le haut du village ». Des mots lâchés non loin, je le sais maintenant, de l'ancienne maison du mystérieux indicateur Kemper. Avec l'énigme des tableaux de Rastignac, Kemper appartient à la part la plus romanesque de cette histoire. Dans *Le Train du soir*, Guy Lagorce a pu s'en inspirer pour le personnage de Schaeffer : « Il se disait Lorrain. Il n'était pas comme les autres, c'était un clochard, un chemineau toujours sur les routes, vêtu de haillons rafistolés, chaussé de socques de bois. » Fiction amputant la réalité car une vieille Bachelière m'a raconté que Kemper claudiquait sur une jambe de bois, un pilon de corsaire, ce qui colore singulièrement l'individu. L'acte de décès d'Heintz Kemper, né en 1905 en Pologne, le signale en effet comme « mutilé ».

Selon certaines sources, Kemper habitait au village avant l'arrivée des Alsaciens. Le mutilé avait l'haleine collabo et des mains de crocheteur. Il avait guidé des soldats de la Brehmer dans leur parcours de mort au village, dénonçant au passage le docteur Faraggi comme Juif, manquant de peu de faire brûler sa maison et de le faire arrêter. Après le départ de la division B, les gendarmes avaient retrouvé chez Kemper et sa compagne des objets provenant des ruines de Rastignac et de celles du garage Lafarge, sur lesquels le couple prétendait que les Allemands leur avaient donné des droits. Le 11 juin 1944, en évacuant la gendarmerie pour protéger les villageois de la Das Reich, des maquisards l'avaient emmené en descendant par la route du cimetière jusqu'au lieudit La Font-Bouillon. À La Font-Bouillon, ils font ce qu'ils font dans ce cas-là, ils fusillent le traître puis s'évanouissent dans la nature. L'histoire aurait pu s'arrêter là – la mairie de La Bachellerie acte son décès le 11 juin à dix-sept heures – mais la suite est des plus romanesques. On raconte que l'indicateur n'était pas tout à fait mort. Des âmes charitables l'ont ramené chez lui agonisant. Où le curé du village l'a marié in extremis à sa concubine. Pour le meilleur et pour le pire, l'histoire se prolonge par une sanglante nuit de noces : deux maquisards sont revenus l'achever dans son lit. Ensuite ils se sont emparés de sa femme, en oubliant les fleurs.

Les nouveaux pavillons ont germé au bord des premiers lacets des « puys », mais si l'on veut bien patienter un peu, fixer la route pour éviter paraboles et parasols, on arrive bientôt sur le plateau, un tapis de lande fourragère. À treize ans, je passais des après-midi à me bricoler des visions sur le causse plus rocailleux, plus sauvage, plus nu, à l'époque. Au nord, la vue plongeait sur le château de Muguet, Saint-Rabier, Estieux, Le Chastel, Châtres, Le Lardin, Beauregard, bien au-delà. J'ignorais qu'on avait tué, raflé, résisté, trahi dans ce diaporama, qu'on s'y était réfugié aussi. Presque chaque ville ou village avait eu ses héros, ses salauds, ses victimes, ses évacués, ses Juifs. De loin, cette géographie de guerre ne sautait pas aux yeux. Ne me passionnait pas. Je préférais la promesse, l'invention, le génie du paysage, intrigué autant qu'ébloui par l'œuvre composite, passionnelle, des hommes et de la nature.

Du haut des « puys », cet après-midi, ce paysage de jeunesse semblait immuable. Le damier chromatique des terres, le puzzle des forêts et des champs, les pentes rattrapées par les haies, l'alphabet éparpillé des hameaux dans le lointain, ce qu'il disait de labeur et de fierté. Des entrepôts, des garages, des parkings avaient métallisé la vallée, mais dans l'ensemble la vieille harmonie insistait, s'accrochait. De loin, tout s'accordait encore. Ce soir, à l'hôtel de Montignac, Benjamin m'annoncerait avec ce sourire songeur que je lui connaissais bien qu'il ne reviendrait plus à La Bachellerie. Mais nous y étions revenus ensemble, et c'était l'essentiel, ce retour composé sur les lignes d'un livre, parallèle à la narration, ce rendez-vous de funambules sur l'axe du temps, ce temps qui courait, mais que nous avions rattrapé à notre façon, pour en couder la ligne, établir le contact aux lieux de notre enfance, revenir à ceux qui les avaient quittés, les lieux, l'enfance.

Les poires que j'emportais pour la soif. Les femmes agenouillées qui frottaient le linge sur la pierre du lavoir. La solution bulleuse qui filait sous l'arche du pont. Les majorettes, la retraite aux flambeaux. J'avais le privilège de pouvoir rêver mon enfance. J'ai pensé à d'autres gamins, sans doute montés sur ces « puys », eux aussi. Là-bas, au nord, très loin derrière les collines, et comme à vol d'oiseau, c'était Strasbourg, Colmar, Valenciennes, Paris. Que faisais-je encore là à prélever sur ces paysages la trace des yeux qui s'y étaient posés ? En mars 1944, ils étaient partis pour toujours de La Bachellerie. Comme j'y revenais toujours. Toujours nous unit.

REMERCIEMENTS

Pour l'aide et l'attention qu'ils m'ont accordées, je tiens à remercier chaleureusement :

Monique Fischel et Mireille Rosner.
Marceline Loridan-Ivens.
Martine Schenker et Catherine Fiszon, filles de Sabine Vogelhut Krenik.

Martial Faucon, Serge Klarsfeld et Bernard Reviriego.

Karen Taïeb et Ariel Sion, au Centre de documentation juive contemporaine au Mémorial de la Shoah.
Nicolas Cournil, ainsi que Corinne Faye, aux Archives départementales de la Dordogne.

Roland Moulinier, maire de La Bachellerie, et Edwige Carbonnière ; ainsi que les services de la mairie d'Azerat.

Madeleine Aubarbier, Odette Gillot, Guy Lagorce, Jacques et Yvette Lafon, Arlette Moreillon, Gisèle Moulinier, Jean-Paul Pasquet, Guy Penaud, Stéphanie

LES INOUBLIABLES

Polack, Gabrielle et Vincent Rosner, Daniel Sourny et *Le blog de le bachelier.*

Laure Fourtage, Anne Heilbronn, et d'autres personnes qui ont souhaité garder l'anonymat.

Aux éditions Flammarion, je tiens à saluer Patrice Hoffmann, pour son enthousiasme, sa présence et ses conseils éditoriaux, ainsi que Tatiana Seniavine, pour sa lecture rigoureuse et féconde.

Enfin, évidemment, mention spéciale à Benjamin Schupack, Colette Schupack, et Aurélie.

J.-M. P.

Sources et bibliographie principales

Martial Faucon, *Les Enfants martyrs de La Bachellerie*, Memoria Édition, 2009, *Brehmer à Azerat*, 2010, et *Scènes du temps de guerre en Périgord* (édition condensée et complétée), 2014, chez le même éditeur.

Martial Faucon et Lucien Cournil, *Les Années de guerre et de Résistance en Terrassonnais et alentours*, 2001, réalisé pour le compte du Comité de Terrasson de l'Association nationale des anciens combattants de la Résistance, recueil de récits et de documents en grande partie inédits, comportant notamment un récit de Roger Ranoux, les carnets de souvenirs de Pierre Daunois et une réédition quasi intégrale de *La Guerre allemande dans le Terrassonnais*, 1945, de René Delmas.

Bernard Reviriego, *Les Juifs en Dordogne, 1939-1944*, préface de Serge Klarsfeld, Archives départementales de la Dordogne/ Fanlac, 2003.

Serge Klarsfeld, *Le Mémorial des enfants juifs déportés de France*, *La Shoah en France*, Fayard, 2001.

Charles Altorffer, « Au service des réfugiés alsaciens dans le Sud-Ouest (1939-1945) », revue *L'Outre-Forêt*, Société d'histoire de l'Alsace du Nord.

Louis Aragon, *Blanche ou l'oubli*, Gallimard, 1967.

Philippe Bourdrel, *La Grande Débâcle de la collaboration, 1944-1948*, Le Cherche-Midi, 2006.

Jacques Delperrié de Bayac, *Histoire de la Milice. 1918-1945*, Fayard, 1994.

Serge Ejnès, *Histoire des Juifs de Reims pendant la Seconde Guerre mondiale*, témoignages, documents réunis, S. Ejnès, 1995.

Jean-Jacques Gillot et Michel Maureau, *Résistants du Périgord*, préface de Gérard Fayolle, Éditions Sud-Ouest, 2011.

Pierre Giolitto, *Grenoble 40-44*, Perrin, 2001 ; du même auteur, *Histoire de la Milice*, Perrin, 2002.

Guy Lagorce, *Le Train du soir*, Grasset, 1983.

Jacques Lagrange, *1944 en Dordogne*, Pilote 24, 1993.

François Le Nail, *Rastignac*, Pilote 24, 1998.

Guy Penaud, *Les Crimes de la division « Brehmer »*, préface de Roger Ranoux, La Lauze, 2004 ; du même auteur, *Histoire de la Résistance en Périgord*, Fanlac, 1985, et Éditions Sud-Ouest, 2013.

Dominique Richard et Anne-Marie Siméon, *Le Roman noir du Périgord*, Fanlac, 2001.

Simone Veil, *Une vie*, Stock, 2007.

Jean-Pierre Vittori (dirigé par), *Le Grand Livre des témoins*, textes choisis et présentés par Irène

Michine ; préface de Marie-Claude Vaillant-Couturier, Fédération nationale des déportés et internés, résistants et patriotes, 1994.

Joseph Weill, *Le Combat d'un juste*, Cheminements, 2002.

Sites Internet :

Sur Charles, Adrienne, Yves et Monique Netter : judaïsme.sdv.fr

Témoignage de Sabine Vogelhut Krenik : www.lycee-jeanmace.fr

Jacky Tronel, « Léon Moussinac, ami d'Aragon » et « La Prison militaire de Mauzac : camps d'internements sous Vichy », www.arkheia-revue.org

Jacky Tronel, « Histoire pénitentiaire et Justice militaire », blog de l'auteur.

Lucien Henrion, « Le secteur fortifié de Faulquemont en 1939-1940 », de documents.irevues.inist.fr

USC Shoah Foundation, pour le témoignage de Jochwet Borensztejn (Jeannette Lichtenstein).

Archives départementales de la Dordogne, principaux fonds consultés : 7 AV 48, 14 J 16, 14 J 20, 14 J 22, 14 AV 68, 42 W 58, 42 W 78, 42 W 343, 60 W 14, 1 W 491, 1 W 492, 1 W 1573,1 W 1785, 1 W 1802, 1 W 1803, 1 W 1809, 1 W 1829, 1 W 1838, 1 W 1853, 1 W 1901, 42 W 6, 60 W 14, 1 573 W 8, 3 X 26, 2 X 28, 3 X 45.

LES INOUBLIABLES

Toutes les photos du livre sont issues de collections particulières.

Mise en page par Meta-systems
59100 Roubaix

Achevé d'imprimer en novembre 2014
sur les presses de Normandie Roto Impression s.a.s.
61250 Lonrai
N° d'impression : 1404331
N° d'édition : L.01ELJN000452.A003
Dépôt légal : septembre 2014

Imprimé en France